Hélène Grandmaître
443.3924

D0777573

Je remercie mes collègues, Madame Liliane VanMarcke et Monsieur Lucien Petit, pour leurs commentaires et leurs suggestions.

© 1987, Les Éditions Robert Bélanger
Dépôt légal, 3e trimestre 1987
Bibliothèque Nationale du Québec
Bibliothèque Nationale du Canada
ISBN 2-9800578-3-5

PARENTS EN PERTE D'AUTORITÉ

Robert Bélanger

Le lecteur ne doit pas s'attendre à trouver dans ce livre un plaidoyer pour un retour à l'ultra-conservatisme et à l'autoritarisme en éducation.

Notre propos vise simplement à venir en aide aux parents qui éprouvent des difficultés quotidiennes dans l'exercice de leur autorité.

Nous sommes conscients que les méthodes éducatives d'aujourd'hui, comme celles d'hier, peuvent présenter des carences et des lacunes. C'est pourquoi, nos affirmations et nos opinions ne doivent pas être considérées comme dogmes, mais comme sujets de réflexion, d'interrogation et de discussion.

Nous ne prétendons pas, non plus, que nos solutions soient les seules valables, ni qu'elles puissent s'appliquer indifféremment, en toutes circonstances, à tous les enfants et à toutes les familles. Chaque enfant est unique, chaque famille aussi. Les difficultés rencontrées en éducation sont à ce point diversifiées et complexes qu'on ne saurait prescrire de solutions universelles.

Nous espérons aussi que vous lirez ce livre en vous montrant indulgents pour vous-mêmes. Il ne sert à rien, en effet, de vous culpabiliser pour ce que vous êtes ou n'êtes pas, pour des interventions passées qui vous semblent erronées ou inappropriées, pour des événements sur lesquels vous n'avez eu aucune emprise. L'important est d'agir de votre mieux au jour le jour, sachant bon gré mal gré qu'avec ses enfants, on ne réalise pas nécessairement ce que l'on espère.

INTRODUCTION

C'est sans nul doute l'organisation sociale et les systèmes d'autorité inhérents qui ont rendu possible la survie de l'espèce humaine et son évolution prodigieuse.

Toute société laissée sans direction est condamnée d'avance à la stagnation, au dépérissement, éventuellement à la disparition.

Il en est de même pour les familles et les individus qui la composent. L'enfant de trois ans « laissé libre » de faire tout ce qui lui plaît, de traverser la rue quand bon lui semble, de jouer avec le feu ou d'absorber des produits dangereux, ne jouit pas des meilleures conditions de développement et de survie ; non plus que le jeune qui peut choisir de ne pas aller à l'école, de bouder l'apprentissage des mathématiques ou de la lecture, d'éviter les tâches domestiques, d'agresser les autres, de voler et de se droguer.

L'enfant et l'adolescent n'ont ni les connaissances ni l'expérience pour diriger seuls toutes leurs conduites. Sans la protection de parents aimants et agissants, leur santé physique et leur intégrité morale sont en danger ; le fonctionnement et l'harmonie de la famille aussi.

C'est en étant dirigé et enseigné que l'enfant et l'adolescent développent graduellement leurs capacités intellectuelles, leurs habiletés physiques et sociales, de même que leur capacité de se conduire par eux-mêmes en tenant compte du bien-être de leurs proches et de la société plus large.

Certes, l'autorité parentale n'est pas le seul moteur du développement harmonieux de l'enfant et de l'adolescent. Le tout-petit enfant, par exemple, a besoin de soins attentifs, de contacts physiques, de caresses et de paroles tendres. Lorsqu'il est nourri, cajolé et soigné, le bébé est heureux. Il mange quand il a faim ; il boit quand il a soif. Ses parents surveillent la température de l'air ambiant pour lui assurer le maximum de confort. Ils changent sa couche quand celle-ci est souillée. Ils le bercent généreusement, jouent avec lui et le réconfortent lorsqu'il souffre. Le tout-petit expérimente ainsi le bien-être, le confort, le réconfort, l'affection, la satisfaction et le plaisir. Tous ces soins attentifs sont essentiels à son développement harmonieux.

Cependant, le développement de son autonomie est tout aussi essentiel. Lorsqu'il est encore nourrisson, l'enfant a le sentiment de ne faire qu'un avec ses parents, tellement il dépend d'eux pour la satisfaction de ses besoins les plus primaires (nourriture, confort, affection, stimulation).

À certains moments, cette dépendance de l'enfant procure une grande satisfaction à ses parents, alors qu'à d'autres, les parents la ressentent comme un esclavage insupportable ; ils éprouvent alors beaucoup de colère contre leur bébé. Parfois, leur frustration et leur colère contre l'enfant deviennent si intolérables qu'ils auraient envie de le détruire.

Le bébé aussi ressent colère, rage et désirs de destruction lorsqu'il n'obtient pas satisfaction à ses désirs.

Dans ce début de relation parent-enfant, tous les sentiments et toutes les passions sont déjà présents : amour, satisfaction, plaisir, mais aussi déception, tristesse, jalousie, envie, amertume, colère, haine, rage, désirs de destruction, culpabilité. Certains parents refusent de reconnaître en eux et chez leur enfant l'existence de sentiments aussi négatifs que la haine et le désir de détruire, à cause de la culpabilité énorme que ces sentiments suscitent en eux. Ils préfèrent se faire accroire que leur enfant et eux n'éprouvent que de bons sentiments l'un pour l'autre. C'est pourquoi, ils évitent de frustrer leur enfant, tellement ils ont peur de voir sa colère destructrice et la leur. Ils le surprotègent, cèdent à ses désirs déraisonnables, n'ont aucune exigence à son endroit ; bref, ils refusent d'exercer l'autorité.

Privé de direction, et partant de frustrations, le tout-petit est alors incapable de renoncer à sa toute-puissance tyrannique et à sa dépendance. Si ses parents ne changent pas d'attitude, l'enfant demeurera un petit despote. Il ne pourra, non plus, conquérir une véritable autonomie. Il aura beaucoup de difficulté, en grandissant, à démêler ses propres sentiments et à tenir compte de ceux des autres. Incapable de retarder la gratification de ses désirs et sans contrôle sur ses pulsions destructrices, il deviendra éventuellement un délinquant, c'est-à-dire une personne prête à tout, même à la violence, pour satisfaire ses désirs.

Chapitre I

MANQUEZ-VOUS D'AUTORITÉ ?

VOUS MANQUEZ D'AUTORITÉ SI VOUS NE RÉUSSISSEZ PAS À FAIRE PARTICIPER VOS ENFANTS AUX TÂCHES FAMILIALES ET À L'ENTRETIEN DE LEURS EFFETS PERSONNELS

Votre autorité est également déficiente, s'il vous faut répéter plusieurs fois d'affilée la même demande avant d'être obéi.

Si vous êtes obligés de dire trois fois à votre fille de huit ans d'aller se coucher, c'est qu'elle a appris que, deux fois sur trois, elle n'a pas à vous obéir et qu'elle peut retarder de se mettre au lit.

S'il vous faut rappeler deux ou trois fois d'affilée à votre fils de dix ans de remiser sa bicyclette qui traîne sur le gazon, c'est qu'il sait par expérience qu'il peut ne pas se soucier de vos demandes, au moins les deux premières fois.

Si vous demandez à votre fils de treize ans de venir vous aider à faire la vaisselle immédiatement, et qu'il ne s'exécute pas, c'est qu'il sait depuis longtemps qu'il n'a pas à vous obéir, à tout le moins pas immédiatement. Peut-être espère-t-il que vous allez vous fâcher contre lui, le blâmer ou l'insulter, et qu'alors il pourra claquer la porte et s'en aller sans faire la vaisselle.

VOUS MANQUEZ D'AUTORITÉ SI, DE TEMPS EN TEMPS, VOUS CÉDEZ DEVANT LES CRISES DE COLÈRE DE VOTRE ENFANT

Lorsque l'enfant fait des crises de colère pour obtenir satisfaction à ses désirs déraisonnables et que ses parents capitulent devant lui, on peut prédire que ses crises augmenteront en fréquence, en intensité et en durée.

Récemment, dans un centre commercial, j'eus l'occasion d'observer une mère refusant une pièce de monnaie à son fils de cinq ans qui voulait actionner un jeu électronique conçu pour adultes et adolescents. Comme l'enfant protestait avec colère, la mère finit par lui céder et elle le hissa sur une chaise pour lui donner accès à la machine à sous *.

Le lendemain, le hasard voulut que je me trouve au même endroit lorsque cette mère et son fils passaient par là. L'enfant se mit aussitôt à hurler pour avoir accès au même jeu que la veille. La mère acquiesça de nouveau pour le faire taire. Elle ne semblait pas comprendre qu'en cédant aux demandes déraisonnables de son fils, elle l'entraînait à devenir de plus en plus insupportable. Dorénavant, ce dernier se mettrait à hurler chaque fois que sa mère lui refuserait quelque chose.

* Parce qu'elle a peur de la colère de son fils, cette mère perd une belle occasion de lui apprendre à retarder la gratification de ses désirs et à renoncer à sa toute-puissance tyrannique.

VOUS MANQUEZ D'AUTORITÉ SI VOUS PERMETTEZ AUX ENFANTS DE PRENDRE LES DÉCISIONS QUI RELÈVENT DE VOS DOMAINES DE COMPÉTENCE

Plusieurs parents se laissent dicter leur conduite personnelle par leurs enfants. Rien d'étonnant ensuite que ces mêmes parents abandonnent aussi aux enfants la direction des affaires familiales, comme le partage des tâches d'entretien domestique, l'utilisation des ressources matérielles et financières de la famille, les décisions concernant les loisirs de la famille, l'horaire familial, etc.

Exemples de propos abusifs tenus par des enfants et des adolescents à l'endroit de leurs parents :

— *« Je te défends de faire cela ! »*
— *« Tu n'iras pas là ! »*
— *« J'ai décidé que moi aussi j'allais en voyage avec vous ! »*
— *« Tu vas faire ce que je te demande ! »*
— *« Je refuse de faire cette tâche ; fais-la toi-même ! »*
— *« J'ai décidé que nous regarderions cette émission de télé ! » (au lieu du reportage que le parent désirait regarder)*
— *« Tu ne prendras pas ton bain à 20 heures, car j'ai besoin de la chambre de bains ! »*
— *« Tu vas m'acheter un chien ; tu m'entends ! »*
— *« Tu vas me payer une paire de jeans ! »*
— *« Je ne veux pas que tu fasses cuire ces légumes ; fais-nous cuire des frites ! »*
— *« Tu vas me prêter ton auto ! »*
— *« Ce soir, j'ai décidé que nous irions souper au restaurant ! »*
— *« Tu vas m'acheter une télé ! » (ou un walk-man, une bicyclette, un lecteur-cassette, etc.)*
— *« J'ai décidé où nous irions en vacances ! »*

De tels propos indiquent clairement que les enfants ont usurpé les pouvoirs de leurs parents, parce que ces derniers les leur ont concédés.

VOUS MANQUEZ D'AUTORITÉ SI VOTRE ENFANT VOUS INJURIE RÉGULIÈREMENT

Un enfant d'âge scolaire est censé avoir appris à exprimer sa colère contre ses parents autrement que par des injures.

Bien sûr, il est normal, qu'en certaines occasions, il échappe une injure à votre endroit, puis s'en excuse, mais il n'est pas acceptable qu'il vous dise régulièrement de « manger de la merde », qu'il vous envoie promener ou qu'il vous traite habituellement de « niaiseux », de « stupide », de « chienne » ou de « maudite vache ».

Les parents ne doivent pas accepter d'être ainsi maltraités. S'ils ne posent aucune limite au sadisme de leur enfant, les parents peuvent s'attendre à être éventuellement victimes de mauvais traitements physiques de sa part.

VOUS MANQUEZ D'AUTORITÉ SI VOTRE ENFANT NE CESSE D'ARGUMENTER AVEC VOUS

Un tel comportement de la part d'un enfant ou d'un adolescent signifie que, de temps en temps, il gagne sur ses parents. Ces derniers peuvent se prétendre autoritaires parce qu'ils disent « non » à l'enfant, crient après lui et le frappent à l'occasion, mais l'enfant sait bien que s'il argumente suffisamment longtemps, il aura finalement gain de cause. Ses parents cèdent lorsqu'ils se sentent épuisés. Un tel enfant est capable d'argumenter, de pleurnicher ou de quémander pendant des heures, parce qu'il a appris qu'il obtient ce qu'il veut à l'usure.

VOUS MANQUEZ D'AUTORITÉ SI, DE FAÇON HABITUELLE, VOTRE ENFANT OU VOTRE ADOLESCENT NE TIENT PAS COMPTE DE VOS RÈGLEMENTS ET DE VOS DIRECTIVES

Lorsque le parent demande à l'enfant de rentrer à la maison immédiatement après l'école, ce dernier flâne ou joue avec des copains sur le chemin du retour ; ou encore, il se rend au centre d'achats, va jouer dans les arcades ou chez des amis sans en aviser ses parents ou sa gardienne.

D'autres, malgré les avertissements de leurs parents, sèchent leurs cours à l'école ; d'autres continuent de perturber la classe en faisant des pitreries, en taquinant ou provoquant leurs compagnons et compagnes, ou encore en refusant de suivre les consignes d'un professeur.

D'autres, en dépit des interdictions parentales, consomment régulièrement de la drogue ; ils fument du hash ou de la mari, abusent de bière ou d'alcool, respirent de la colle, etc.

LES PROBLÈMES D'INDISCIPLINE CHEZ LES ENFANTS ET LES ADOLESCENTS NE SONT PAS TOUJOURS RELIÉS AU MANQUE D'AUTORITÉ DES PARENTS

Certains problèmes d'indiscipline sont liés à des perturbations affectives chez l'enfant ou l'adolescent. Par exemple, la naissance d'un petit frère ou d'une petite sœur peut provoquer chez un jeune enfant une période d'opposition et de désobéissance aux parents, de même que de l'agressivité à l'égard du nouveau-né. Anxieux et jaloux, l'enfant se sent abandonné et trahi par ses parents, et il réagit avec colère.

Chez l'adolescent, une peine d'amour, la maladie grave d'un parent, la perte d'un être cher, le sentiment d'être abandonné ou négligé, peut entraîner une surconsommation d'alcool ou d'autres drogues, des problèmes de fréquentation scolaire, des comportements d'opposition et d'agressivité à l'école et à la maison.

D'autres problèmes d'indiscipline sont associés à une période de croissance ou de développement chez l'enfant et l'adolescent. Vers l'âge de deux ans, par exemple, tous les enfants passent par une période d'opposition aux parents. L'adolescence est, elle aussi, caractérisée par des périodes d'opposition et d'agressivité à l'égard des parents. Pour peu que ces derniers n'en fassent un drame, ce type d'opposition ne dure pas, parce que lié à une période du développement de l'enfant et de l'adolescent.

Chapitre II

LE MANQUE D'AUTORITÉ : SES CAUSES

COMME TOUT AUTRE APPRENTISSAGE, EXERCER L'AUTORITÉ S'APPREND EN OBSERVANT DES MODÈLES IMITABLES

Certains parents ne savent pas exercer les contrôles nécessaires sur leurs enfants parce que leurs propres parents ne le savaient pas non plus, et partant, ne pouvaient pas leur servir de modèles adéquats.

De même, les parents qui, dans leur enfance, ont été des enfants gâtés parce qu'ils étaient les derniers de famille ou pour toute autre raison, sont, eux aussi, sujets à reproduire les attitudes de laisser-faire et d'inconstance dont ils ont été victimes.

L'ABSENCE D'AUTORITÉ PARENTALE PEUT PROVENIR DE LA PEUR DE S'AFFIRMER, OU ENCORE DE LA CRAINTE DE PERDRE L'AMOUR DE SON ENFANT

Certains parents, hantés par la peur de déplaire aux autres, s'abstiennent d'exprimer clairement leurs idées, leurs sentiments, leurs désirs, leurs besoins et leurs volontés. Ils hésitent à s'affirmer, même devant leurs propres enfants. Le parent qui craint ainsi de s'affirmer, a souvent manqué de véritable attention et affection lorsqu'il était enfant. Considéré plutôt comme un être à dresser, il a vécu dans la crainte constante de la désapprobation. Devenu parent, il craint de perdre l'amour de ses enfants, comme il craignait autrefois de perdre l'amour de ses parents.

Le parent seul, dont l'enfant est l'unique source de satisfaction affective, peut devenir très sensible au moindre signe de désapprobation et de colère de son enfant. Car il appréhende, par-dessus tout, de perdre son amour. Les hésitations du parent à affirmer son autorité sont alors perçues par l'enfant qui, se voyant dans une position de pouvoir, est en danger de devenir un petit tyran.

Le même danger de tyrannie existe pour l'enfant que les parents ont idéalisé au point de le mettre sur un piédestal et d'en faire leur veau d'or. L'enfant ainsi traité comme un dieu, exigera d'être servi par toute la famille et refusera de devenir autonome.

DES SENTIMENTS DE CULPABILITÉ PEUVENT EMPÊCHER LES PARENTS D'EXERCER LEUR AUTORITÉ

De profonds sentiments de culpabilité, prenant leur source dans l'enfance des parents, peuvent réduire de façon significative l'efficacité de l'autorité parentale. Ces sentiments se développent lorsque le jeune enfant éprouve trop de regrets et de honte pour ses désirs et ses actes agressifs contre ses parents.

Cette culpabilité est ravivée par la naissance d'un enfant. Comme nous l'avons décrit en introduction, les rapports entre parents et enfants ne sont pas exempts de frustrations. Les parents ressentent nécessairement beaucoup de colère contre leur enfant, et même l'envie de le battre et de le détruire.

Certains parents se sentent si coupables d'avoir éprouvé de la haine et des désirs de mort contre leur enfant, qu'ils n'osent plus le frustrer et entrer en conflit avec lui. À leurs yeux, tout nouveau conflit avec l'enfant risquerait de leur faire commettre des actions répréhensibles et de les faire se sentir encore plus coupables.

L'AUTORITÉ PARENTALE PEUT ÊTRE PARALYSÉE PAR LA PEUR DES PARENTS DE PERDRE CONTRÔLE ET DE BLESSER LEUR ENFANT

Certains parents se disent incapables de diriger leur enfant parce qu'ils craignent d'éclater sous l'effet de leur colère et de lui infliger des blessures. Généralement, cette appréhension des parents prend racine dans leur désir secret (passé ou présent) de le tuer ou de le faire disparaître. Ils craignent de perdre contrôle et de réaliser leur souhait. Parmi ces parents, plusieurs viennent de familles où toute parole et tout geste agressif étaient interdits. L'agressivité étant considérée mauvaise et dangereuse, ils n'ont pu apprendre à l'exprimer et à l'agir adéquatement.

À l'inverse, d'autres parents ont vécu dans un contexte de violence familiale. Leurs parents étaient colériques, ou encore étaient perçus comme dangereux lorsque ivres ou en colère. Alors, ils craignent eux aussi de perdre contrôle et d'agresser leurs enfants. Effectivement, plusieurs de ces parents sont violents verbalement avec leurs enfants, leur conjoint et les autres personnes de leur entourage. Ils menacent de frapper tous ceux qui les frustrent. Ils s'érigent en protecteur-justicier de leurs enfants dont ils prennent la part envers et contre tous. Ces derniers ont recours à leurs parents pour se faire protéger contre les autres enfants, les voisins, les autorités scolaires; ils provoquent les autres en toute impunité puisqu'ils sont assurés que leurs parents voleront à leur secours et les défendront quels que soient leurs torts.

ON PEUT RETROUVER UN MANQUE D'AUTORITÉ CHEZ LE PARENT QUI NE VEUT PAS S'AVOUER SON REJET DE L'ENFANT

Un enfant n'est pas toujours désiré, ni désirable. Parfois, il naît à un mauvais moment ; parfois, il est laid, gravement malade ou handicapé. Parfois, il n'est pas du sexe que désirait le parent. Parfois, il ne se développe pas normalement. Parfois, il requiert des soins excessifs ; parfois, ses comportements sont insupportables.

Pour une raison ou une autre, le parent est déçu, mais il refuse de devenir conscient de son rejet de l'enfant. Il s'efforce plutôt de se convaincre qu'il l'aime. C'est pourquoi, il lui manifeste un surcroît de fausse affection, se met entièrement à son service, le surprotège, est trop indulgent à son égard et lui cède le pouvoir sur toute la famille.

Le conjoint, de même que les frères et les sœurs de l'enfant, sont contraints de céder à tous ses caprices, s'ils veulent conserver l'approbation et l'amour du parent surprotecteur.

L'enfant gâté demeure un petit despote incapable de conquérir une véritable autonomie.

CERTAINS PARENTS SONT INCAPABLES D'AUTORITÉ PARCE QU'ILS CONSIDÈRENT LES ENFANTS COMME DES PETITS ADULTES

L'enfant d'âge préscolaire n'est pas un adulte. Il n'est pas capable de comprendre les explications complexes et les argumentations logiques. Il est donc tout à fait inutile et inapproprié de tenter de le raisonner, de justifier nos demandes et nos interdictions. Loin de l'aider à collaborer, ces longues explications, ces raisonnements et ces argumentations le rendent confus. Un enfant de cet âge a plutôt besoin de directives précises, d'interdictions fermes, et de l'expression claire du sentiment de ses parents.

Exemples :
— « *Je veux que...* »
— « *Non, je ne veux pas.* »
— « *Ça, je n'aime pas ça !* »
— « *Là, je suis très fâché !...* »

L'enfant d'âge scolaire, lui, comprend davantage, mais il a encore grand besoin d'être dirigé. Même à cet âge, les parents évitent les longues argumentations et justifications. Ils se contentent, le plus souvent, d'explications brèves reliées à leur rôle de protecteur de l'enfant et de responsable du bon fonctionnement de la famille.

Exemples :
— « *Je ne veux pas ; c'est trop dangereux !* »
— « *C'est moi ta mère et je pense que ce n'est pas bon pour toi !* »
— « *La règle dans notre famille, c'est qu'on mange d'abord sa viande avant de prendre du dessert !* »

Au cours de son adolescence, le jeune atteint un degré de développement intellectuel et affectif qui le rend apte à comprendre les explications de ses parents sur les raisons de bien se conduire. Cependant, l'adolescent n'a pas l'expérience du parent. Très souvent, il sous-évalue les dangers qu'il court. De là l'importance de lui fournir, d'autorité, une protection adéquate lorsque nécessaire.

LE SABOTAGE DE L'AUTORITÉ PARENTALE PAR UN DES PARENTS OU DES GRANDS-PARENTS EN REND L'EXERCICE TRÈS ALÉATOIRE

Lorsqu'un parent dit «non» à l'enfant et que l'autre dit «oui»; lorsqu'un parent désapprouve constamment l'autorité de l'autre, l'enfant fait à sa tête et réussit à obtenir ce qu'il veut par l'argumentation, le pleurnichage, les menaces, les plaintes et les accusations mensongères. Il perd tout respect pour le parent dont l'autorité est ainsi sabotée.

La séparation ou le divorce des parents constitue une situation propice au sabotage de l'autorité mutuelle. Chacun des conjoints peut tenter de dévaluer l'autre aux yeux de l'enfant. Pire encore, un des conjoints peut, par vengeance, retirer à l'autre son droit de sortie et de visite, ou simplement l'empêcher de voir l'enfant par toutes sortes de stratégies déloyales.

Lorsque le petit garçon est ainsi privé de la présence, de l'attention et de l'autorité de son père *, le risque de voir apparaître chez lui un manque de motivation et des difficultés comportementales (y compris des actes délinquants) s'accentue. La privation de soins maternels comporte des risques tout aussi importants.

Chez la petite fille privée de la présence d'un de ses parents, c'est l'estime de soi qui, vraisemblablement, sera le plus souvent affectée. La petite fille est alors envahie par un état dépressif. Elle se sent abandonnée, laide, non aimable et sans valeur.

---

* **Dans notre société, le père est le symbole de l'autorité familiale. En particulier, il a pour fonction d'empêcher que se maintienne indéfiniment une relation fusionnelle entre l'enfant et sa mère.**

Chapitre III

COMMENT AFFIRMER SON AUTORITÉ

L'AFFIRMATION DE SOI EST UNE CONDITION PRÉALABLE

L'affirmation de ses convictions, de ses désirs, de ses besoins et de sa volonté est une condition préalable à l'autorité.

Certaines personnes ont tellement peur de déplaire aux autres et d'être rejetées, qu'elles sont incapables de dire clairement ce qu'elles pensent et ce qu'elles veulent. Lorsque, par exemple, elle désirent faire une sortie avec quelqu'un, elles lui demandent « as-**tu** envie de sortir ? » ou « n'aimerais-**tu** pas aller au restaurant ? » au lieu de dire simplement « **j'**aimerais sortir avec toi », « **j'**aimerais aller au restaurant ». Lorsqu'elles ont une opinion sur quelque sujet, elles diront volontiers à leur interlocuteur « ne penses-**tu** pas que... » plutôt que « **je** pense que... »

Ces personnes risquent de présenter des comportements semblables avec leurs enfants. Au lieu de dire à l'enfant « viens te coucher maintenant » ou « **je** ne veux pas te donner un deuxième dessert » ou « ça suffit pour les bonbons », elles diront « as-**tu** envie d'aller dormir », « ne penses-**tu** pas que tu as mangé assez de dessert ou de bonbons ».

Un changement s'impose : apprendre à dire clairement et simplement sa volonté et ses désirs :

— « *Je* pense... »
— « *Je* veux... »
— « *Je* désire... »
— « *J'*ai décidé... »
— « *J'*aimerais... »
— « *Je* ne veux pas... »
— « *Je* n'aime pas... »
— « *Je* m'oppose... »
— « *Je* ne te permets pas... »
— « *Je* n'accepte pas... »
— « *J'*exige... »

ÉVITEZ DE SABOTER VOTRE AUTORITÉ ET CELLE DE VOTRE CONJOINT

Les désaccords entre parents en matière d'autorité sont inévitables, car l'homme et la femme ont des façons très différentes de voir les choses et d'agir sur elles. Lorsqu'un conjoint n'est pas d'accord avec son partenaire sur la façon de diriger les enfants, il doit discuter et, si nécessaire, argumenter avec lui pour en venir, sinon à un accord commun, du moins à des décisions et à des exigences communes à l'égard des enfants.

La discussion des désaccords parentaux peut, généralement, se faire en présence des enfants, même si elle implique l'expression de sentiments négatifs comme le mécontentement, la colère et le dépit. Ces discussions apprennent aux enfants non seulement à exprimer honnêtement et directement des sentiments négatifs, mais aussi à solutionner des désaccords sans recourir aux insultes et aux humiliations. Toutefois, les parents interdisent aux enfants de s'immiscer dans leur discussion. Chacun des parents évite de faire une alliance avec eux contre l'autre parent.

Lorsque les parents sont séparés ou divorcés, et que leur désaccord est tel qu'ils ne peuvent en venir à des décisions communes, chacun des parents pourrait, à tout le moins, établir la règle minimale suivante : « Lorsque tu es chez ton père, tu suis ses directives ; quand tu es chez ta mère, tu suis ses directives ». Le parent qui n'a pas la garde des enfants évite aussi de les combler de cadeaux lorsqu'il les rencontre. Cette pratique, en plus de bafouer le pouvoir de l'ex-conjoint, annonce aux enfants la culpabilité du donnateur, culpabilité qu'ils ne manquent pas d'exploiter à leur profit. Les deux parents se retrouvent alors avec une autorité grandement diminuée. Le parent qui n'a pas la garde des enfants se fait un devoir de les visiter **régulièrement**. L'absence de visites régulières mine l'estime de soi chez l'enfant et le conduit au désespoir. Quant aux promesses non tenues de visites, elles sapent, en plus, la crédibilité et l'autorité du parent qui manque à sa parole.

NE CRAIGNEZ PLUS DE FRUSTRER VOTRE ENFANT ; CESSEZ D'AVOIR PEUR DE SA COLÈRE, ET NE CRAIGNEZ PLUS DE PERDRE SON AMOUR

Tous les parents souhaitent que leur enfant devienne un être autonome, libre et bien dans sa peau. C'est pourquoi, plusieurs pensent à tort qu'ils doivent le laisser faire tout ce qui lui plaît, lui donner tout ce qu'il désire et s'abstenir de lui dicter une conduite.

Bien au contraire, l'autonomie de l'enfant ne peut se développer sans frustrations. Ce sont ces frustrations qui obligent l'enfant à prendre ses distances face à ses parents, à se différencier d'eux, à devenir plus indépendant et plus libre. Les parents qui se réclament de l'idéologie du laisser-faire, se cachent à eux-mêmes les vrais motifs de leur refus d'exercer l'autorité, à savoir la peur de l'agressivité de l'enfant et la peur de leur propre agressivité.

Pour se sentir en sécurité, l'enfant doit pouvoir compter sur ses parents pour contenir son agressivité. Lorsque ses parents l'abandonnent à lui-même, il n'a d'autre choix que de se laisser guider par ses pulsions. S'il n'apprend pas, au même rythme que les autres enfants de son âge des conduites sociales acceptables, il sera rapidement rejeté par l'entourage.

Quant à la crainte de perdre l'amour de l'enfant, les parents doivent réaliser que cette appréhension est enracinée dans leur propre passé, dans leurs angoisses et leur insécurité d'enfants, alors qu'ils craignaient de perdre l'amour de leurs parents et d'être abandonnés. S'ils veulent aider leur enfant à surmonter ses angoisses d'abandon et développer un sentiment de sécurité, ils devront accepter de le guider avec fermeté.

PLUTÔT QUE DE FORMULER DES SOUHAITS, DONNEZ DES DIRECTIVES FERMES

Les parents qui ont des difficultés d'autorité auraient avantage à changer, pour quelque temps du moins, leur façon de s'adresser à leurs enfants et à leurs adolescents. Au lieu de leur faire des demandes « facultatives » comme « voudrais-tu... », « s'il te plaît... », « j'aimerais que... », « tu serais bien fine si... », « ce serait gentil de ta part si... », les parents donnent des directives claires et fermes *.

Exemples :
— « *Je veux que tu reviennes à la maison dans quinze minutes !* »
— « *Maintenant, va faire tes travaux scolaires !* »
— « *Viens ici immédiatement !* »
— « *Va rentrer ta bicyclette tout de suite !* »
— « *Ramasse tes jouets immédiatement !* »
— « *Viens m'aider à faire la vaisselle tout de suite !* »
— « *Je ne veux pas que tu y ailles !* »
— « *Non, c'est interdit !* »
— « *Je te défends de... * »
— « *Va faire ton lit tout de suite !* »
— « *Maintenant, rends-moi cet argent !* »
— « *Descends les poubelles immédiatement !* »

* **Les parents pourront revenir à des demandes bienveillantes ou à des formules de politesse lorsqu'ils seront certains d'être obéis. Pour le moment, ils apprennent aux enfants à suivre leurs directives.**

AU BESOIN, RENFORCEZ VOS DIRECTIVES PAR DE L'AIDE PHYSIQUE *

Lorsque l'enfant ou l'adolescent n'exécute pas, sur-le-champ, vos demandes pressantes, allez à lui immédiatement, prenez-le calmement par la main et faites-le obéir. Si vous lui commandez, par exemple, de rentrer immédiatement à la maison et qu'il n'entre pas, ou que vous lui défendez d'en sortir et qu'il en sort quand même, allez le chercher et rentrez-le dans la maison. Si vous lui demandez de venir vous aider immédiatement et qu'il ne s'exécute pas, allez à lui, prenez-le doucement par le bras et dirigez-le vers la tâche à accomplir. Lorsqu'il a exécuté la tâche prescrite, remerciez-le chaleureusement.

Lorsque l'enfant ou l'adolescent argumente, vous accuse d'injustice ou vous dit des injures dans l'espoir de se quereller avec vous et vous détourner de votre but, ne vous laissez pas prendre à son jeu ; n'argumentez pas, ne répliquez pas. Si vous pouvez vous empêcher de parler, c'est mieux ; si vous en êtes incapables, contentez-vous, en allant le chercher, de lui rappeler calmement votre demande ou votre interdit : « Je t'ai demandé de venir m'aider immédiatement » ; « Je t'avais interdit de sortir de la maison ».

Lorsque l'enfant ou l'adolescent cherche à fuir hors de la maison pour éviter une tâche, le parent empêche cette fuite. Si cela est impossible, il n'oublie surtout pas de faire exécuter la tâche commandée dès le retour de l'enfant ou de l'adolescent.

---

* **Parallèlement à l'affirmation de leur autorité, les parents s'entraînent aux méthodes d'éducation positives (voir les pages 60 à 78, 95 à 98). Cet entraînement complété, ils auront ensuite rarement besoin de recourir à l'aide physique pour s'assurer de la collaboration des enfants.**

Lorsque vous allez le chercher par le bras pour le faire obéir et qu'il refuse de vous suivre, résiste avec force ou vous frappe pour se dégager, utilisez la force physique nécessaire pour le maîtriser et le faire obéir. Rappelez-lui que vous êtes son père ou sa mère et, qu'à ce titre, vous lui interdisez de vous frapper. Lorsque vous faites usage de la force physique, évitez tout abus; n'utilisez que la force nécessaire à l'accomplissement de vos désirs *.

Certains parents prétendent qu'ils sont trop faibles physiquement pour se faire obéir en usant de la force physique. Nous leur disons qu'à moins d'être atteint d'un handicap physique sévère ou d'une maladie cardiaque, d'avoir subi une intervention chirurgicale majeure dans les jours qui précèdent, ils n'ont pas d'excuses. Généralement, ce sont les mères qui se prétendent si faibles qu'elles sont incapables d'autorité. Pour leur redonner confiance en elles, nous leur suggérons de suivre un cours d'auto-défense. Lorsqu'elles ne peuvent se payer un tel cours dans une maison spécialisée, nous les référons au YWCA ou à d'autres organismes communautaires qui dispensent ce type de cours pour des frais minimes.

Il est cependant très difficile de convaincre ces parents d'entreprendre un tel cours ou de faire usage de leur force physique contre quelqu'un, tellement ils ont peur de leur propre agressivité. Tout geste quelque peu agressif est vécu par eux comme dangereux, destructeur ou homicidaire. Cependant, lorsqu'ils parviennent à poser des gestes d'auto-défense, y compris contre leurs enfants, ils perdent rapidement cette peur de blesser ou de tuer quelqu'un.

* **Exceptionnellement, _une_ gifle ou _un_ coup peut constituer un moyen légitime d'auto-défense. Lorsque c'est possible, cependant, il vaut mieux immobiliser l'enfant ou le neutraliser autrement. L'utilisation de la force physique ne doit, en aucune façon, conduire à la cruauté et aux mauvais traitements. Au Québec, tout citoyen est tenu par la loi de signaler de tels abus à la Protection de la Jeunesse.**

L'UTILISATION DE LA FORCE PHYSIQUE N'EST PAS TOUJOURS NÉCESSAIRE

Dépendamment des circonstances, d'autres formes de contraintes sont, en effet, tout aussi efficaces pour contrer l'opposition des enfants et leur refus de collaborer. Par exemple, l'adolescent qui adore écouter « sa musique » peut être contraint par ses parents d'effectuer ses travaux domestiques avant d'avoir accès à « sa musique ». L'enfant ou l'adolescent qui a très faim peut être forcé de respecter ses obligations avant d'approcher à table. Celui qui tombe de sommeil peut se voir obligé, avant d'aller dormir, de réparer ses dégâts, ou encore d'accomplir la tâche qu'il a évitée en s'enfuyant. L'enfant qui veut aller jouer dehors, de même que l'adolescent qui désire sortir pour retrouver des amis, peuvent se voir contraints d'effectuer leur travail avant de partir.

Exemples : *

— *« Tu fais d'abord ton lit ; ensuite tu viendras déjeuner. »*
— *« Va d'abord ranger tes vêtements ; ensuite tu viendras manger. »*
— *« Tu laves d'abord les casseroles ; ensuite, tu pourras écouter ta musique. »*
— *« Tu nettoies d'abord tes dégâts ; ensuite, tu pourras aller dormir. »*
— *« Tu m'aides d'abord à faire la vaisselle ; ensuite, tu pourras aller te coucher. »*
— *« Balaye d'abord ta chambre et époussette tes meubles ; ensuite, tu pourras sortir. »*
— *« Termine d'abord ton travail scolaire ; ensuite, tu iras jouer dehors. »*
— *« Desserts la table d'abord ; ensuite tu iras rejoindre tes amis. »*

* **Les parents évitent les formules négatives du genre : « Si tu ne fais pas ton travail, tu vas te passer de souper ».**

Comme nous l'avons dit déjà, les parents auront rarement besoin de recourir à ces mesures contraignantes lorsqu'ils se seront entraînés aux méthodes d'éducation positives.

QUE VOS DIRECTIVES SOIENT PRÉCISES

Ainsi, l'injonction « va faire le ménage dans ta chambre » n'est pas une directive suffisamment précise, parce que l'expression « faire le ménage » recouvre un trop grand nombre de tâches spécifiques. Il est préférable de définir exactement les tâches à exécuter.

Exemples :
— *« Va faire ton lit et épousseter ta commode ! »*
— *« Range tes livres et tes vêtements, puis passe la balayeuse sur le tapis ! »*
— *« Change tes draps et mets de l'ordre dans tes tiroirs ! »*

De même, les directives « sois gentil chez tante Alberte » ou « ne sois pas tannant chez tante Alberte » ne veulent pas dire grand chose à un enfant. Elles ne décrivent pas exactement les comportements à éviter et à émettre. Le parent se doit de dire à l'enfant, en détail, ce qu'il désire lui voir faire et ce qu'il lui interdit.

Exemple :
— *« Tu peux jouer avec tes jouets dans la cuisine, mais je t'interdis d'aller dans la chambre de tante Alberte. Je ne veux pas, non plus, que tu ailles fouiller dans le garde-manger, ni dans le réfrigérateur. Si tu désires des bonbons, des biscuits, du lait ou autre chose, demande-le à tante Alberte »*.

Bien sûr, même les directives claires et précises risquent de s'avérer inutiles si vous n'êtes pas déterminés **à agir** pour les faire respecter. L'enfant saura bien vite si vous vous contentez de paroles en l'air ou si vous êtes prêts à vous lever de votre siège pour faire exécuter vos directives.

NE RÉPÉTEZ PAS VOS DIRECTIVES

Lorsque vous donnez une directive, assurez-vous d'abord qu'elle soit reçue par l'enfant. Si ce dernier vous semble concentré sur un jeu ou une tâche, attendez si possible qu'il soit disponible avant de lui demander autre chose.

Si votre enfant est généralement préoccupé ou distrait, s'il ignore habituellement vos demandes et vos interdictions, adressez-vous à lui en l'appelant par son nom. Après l'avoir interpellé, attendez qu'il vous regarde avant de lui donner une directive. S'il ne tourne pas son regard vers vous à l'appel de son nom, allez à lui, touchez-le et parlez-lui les yeux dans les yeux.

Une fois la directive donnée, ne répétez pas une deuxième fois. L'attention que vous dispensez à l'enfant en répétant vos instructions, l'encourage à vous faire répéter de nouveau. En plus de ce gain d'attention, votre enfant gagne du temps ; et, en gagnant de plus en plus de temps, il espère que vous allez laisser tomber votre demande initiale. Alors, il court la chance de ne pas avoir à obéir. Au lieu de répéter, **agissez**. Si, par exemple, vous lui demandez de venir vous aider à laver la vaisselle et qu'il ignore cette directive, allez le chercher en le prenant par la main, et conduisez-le calmement et sans discourir vers l'évier de la cuisine.

NE CÉDEZ PAS DEVANT LES COLÈRES, LES MENACES ET LES ARGUMENTATIONS TYRANNIQUES DE L'ENFANT OU DE L'ADOLESCENT

Quelles que soient les tactiques utilisées par l'enfant pour obtenir le pouvoir (cris, menaces, coups, destructivité, argumentation), ne cédez pas.

Lorsqu'un parent cède de temps en temps, les comportements indésirables de l'enfant empirent. Rapidement, l'enfant devient insupportable.

Lorsque l'enfant demande un objet, une friandise ou un privilège, et que sa demande vous paraît raisonnable, accordez-la-lui tout de suite par un « oui » ferme. N'attendez pas qu'il commence à rechigner, à harceler, à argumenter ou à faire une crise de colère, avant de lui répondre affirmativement.

Lorsque vous ne savez pas si vous devez, ou non, acquiescer à sa demande, dites-le-lui clairement : « Je ne sais pas ; je vais y penser et je te donnerai une réponse (tout à l'heure, dans une heure, ce soir, demain, etc.). »

Un enfant qui a pris l'habitude de faire des crises de colère ou d'argumenter pour obtenir ce qu'il désire, peut perdre cette mauvaise habitude lorsque les parents s'emploient avec détermination à ne plus lui céder leur pouvoir. Bien sûr, lors des premiers refus ou des premiers affrontements, les crises de l'enfant ou de l'adolescent seront encore plus spectaculaires, mais si les parents tiennent bon, ces crises s'espaceront, puis cesseront.

N'ACCEPTEZ PAS DE DIRECTIVES DE LA PART DE VOS ENFANTS, ET NE LES RÉCOMPENSEZ JAMAIS POUR USURPATION DE VOTRE POUVOIR

N'acceptez pas que vos enfants ou vos adolescents dirigent vos affaires personnelles, ni qu'ils décident de l'horaire de la famille, des loisirs de la famille, de la division des tâches familiales, de l'utilisation des ressources matérielles et financières de la famille, ou de toute autre matière de compétence parentale.

Lorsque l'enfant veut diriger vos affaires personnelles, dites-lui que vos affaires personnelles ne le concernent pas et, si possible, faites le contraire de ce qu'il vous a ordonné ou défendu *.

Faites de même pour les décisions qui relèvent de votre compétence de parents ou de chefs de famille. Si votre enfant exige que vous regardiez telle émission de télévision, regardez-en une autre. S'il vous défend de faire une sortie ou un voyage, faites cette sortie et allez en voyage. S'il vous ordonne de le conduire ou de l'accompagner quelque part, n'y allez pas. S'il exige que vous lui achetiez tel vêtement ** ou tel objet, ne l'achetez pas. Car, en cédant à ses directives, vous le récompenseriez pour avoir usurpé votre pouvoir.

* **Cette mesure vise simplement à vous faire reprendre votre autorité, non à vous inciter à la vengeance.**
** **Le parent faible recherche constamment une excuse pour éviter d'avoir à faire l'effort d'exercer son autorité. Par exemple, il prétexte qu'il est obligé d'acheter tel vêtement exigé par son adolescent, parce que ce dernier menace de ne pas porter d'autre vêtement. Ce parent n'a pas conscience qu'il cède au chantage.**

NE MENACEZ PAS ; NE SUPPLIEZ PAS ; NE CULPABILISEZ PAS INDÛMENT

Les menaces, les supplications et la culpabilisation abusive annoncent à votre enfant que vous vous sentez faibles, peu sûrs, sans moyens pour vous faire obéir.

La menace est une provocation, un défi, une invitation à désobéir. Peu à peu, les enfants s'aperçoivent que la plupart des menaces qui leur sont faites ne sont que paroles en l'air. Alors pourquoi en tiendraient-ils compte ?

Par supplication, nous entendons une demande où le parent se place dans une position d'enfant soumis.

Exemples à éviter :
— « *Je t'en prie, chérie, écoute ta maman !* »
— « *Arrête, je t'en supplie !* »
— « *Voyons chérie, sois plus gentille et fais ce que je te demande* ».
— « *S'il te plaît, ne fais pas cela !* »
— « *Tu ne pourrais pas, mon chéri, cesser de... * »
— « *Si tu m'obéissais, je serais si contente !* »

La supplication, en plus de constituer un aveu d'impuissance, remet à l'enfant le pouvoir sur l'adulte et fait du parent une victime de la cruauté de l'enfant. Le parent répond à cette cruauté par une autre forme subtile de cruauté ; les supplications contiennent presque toujours, en effet, un relent de culpabilisation abusive. Elles sous-entendent que le parent qui supplie va devenir très chagriné ou malade si l'enfant n'obéit pas. Elles sont aussi pernicieuses que les culpabilisations abusives explicites, telles :

— « *Tu vas faire mourir ton père !* »
— « *C'est toi qui rends ta mère malade !* »
— « *Tu nous rends la vie impossible !* »

CESSEZ DE VOUS JUSTIFIER ET D'ARGUMENTER

Les parents peu sûrs de leur autorité justifient sans cesse leurs décisions, leurs demandes et leurs exigences par de longues explications et par des « parce que... » L'enfant comprend très rapidement qu'il peut argumenter, gagner du temps, faire céder ses parents, obtenir de l'attention et, surtout, jouir du pouvoir de parlementer avec eux d'égal à égal. Alors, il proteste sans cesse, conteste les décisions et les directives parentales en exigeant des justifications et des explications. Il demande sans cesse « pourquoi ? », « pourquoi moi ? », « pourquoi suis-je obligé de faire ça ? ». Il proteste : « Mon ami, lui, n'est pas obligé de... » Il crie à l'injustice : « Ce n'est pas juste ! », « Moi, j'ai bien le droit de... », etc.

Les parents qui veulent recouvrer leur autorité refusent d'argumenter avec leur enfant comme avec un égal. Dès que ce dernier exige une justification ou commence une argumentation, le parent prend position et réaffirme ses exigences :

— *« Je n'ai pas à me justifier, c'est moi le parent ! »*
— *« Je refuse d'argumenter ! »*
— *« Je n'ai pas d'autres explications à te donner ; je te demande de... immédiatement ! »*
— *« Peu importe ce que font ou disent les parents de ton ami, tu dois... »*
— *« Même si tu crois que c'est injuste, tu rentres à la maison maintenant ! »*
— *« Quoi qu'il en soit, tu restes ici ! »*
— *« C'est moi ta mère, et c'est à moi de décider ! »*

Lorsque l'enfant continue d'argumenter et d'exiger des explications, les parents le prennent simplement par le bras et le mettent à l'écart pour quelques minutes ; s'ils lui ont commandé une tâche, ils l'amènent pour lui faire exécuter le travail commandé.

APPRENEZ À DÉPASSER VOS SENTIMENTS DE CULPABILITÉ

Les enfants savent tirer parti des faiblesses de leurs parents. Lorsqu'ils perçoivent chez ces derniers une culpabilité excessive, ils s'empressent d'exploiter ce filon. Les parents donnent-ils une directive qui déplaise à l'enfant ? Aussitôt l'enfant réplique : « Moi, je n'ai pas demandé de venir au monde ! » ; « Ce n'est pas juste ! » ; « T'es bien chien ! » ; « C'est de ta faute aussi ! »

Le parent, devenu conscient de sa trop grande culpabilité, cesse de se laisser paralyser par les répliques culpabilisantes de ses enfants. Convaincu de la légitimité de son rôle de parent et de son devoir de diriger l'enfant, il maintient ses exigences :

— *« Quoi qu'il en soit, tu fais ce que je te demande ! »*
— *« Même si présentement tu crois que c'est injuste, tu vas le faire quand même ! »*
— *« Peu importe à qui la faute, c'est moi la mère et c'est à moi de décider ! »*
— *« Maintenant que tu es au monde, c'est moi qui suis chargé de t'éduquer et de te diriger. Alors, obéis et tout de suite ! »*

Les parents seraient moins freinés par leur culpabilité s'ils parvenaient à abandonner leurs idéaux, leurs attentes et leurs exigences irréalistes. Même s'ils souhaitaient n'avoir jamais commis d'erreurs, être sans reproche, toujours bons et aimants, cela est impossible. Les sentiments négatifs, de même que les erreurs, font partie de toute vie humaine. Aussi bien accepter de les regarder avec indulgence.

NE VOUS LAISSEZ PLUS PRENDRE AU PIÈGE DES PROVOCATIONS ET DES INSULTES

Certains enfants et adolescents ont appris à gagner sur leurs parents en leur faisant perdre contrôle. Lorsqu'un parent leur refuse une autorisation ou un privilège, ou encore leur commande quelque chose qui leur déplaît, ces enfants défient l'autorité :

— « Non, je ne le ferai pas ! »
— « Ce n'est pas toi qui vas m'obliger ! »
— « Essaye donc de m'en empêcher, si tu en es capable ! »
— « Frappe-moi donc ! Envoye, frappe-moi ! »
— « Penses-tu que tu me fais peur ! »
— « Maudite vache ! »
— « Écœurant ! »
— « T'es même pas mon père ! »

Certes, l'enfant exprime ainsi sa colère et sa frustration ; mais son expérience lui dit aussi, qu'en parlant de cette façon, il n'aura pas à obéir : le parent va reculer, ou encore il va perdre contrôle, insulter ou frapper *. Paralysé par la colère et la déception, le parent oublie ses exigences. L'enfant ou l'adolescent n'a alors qu'à s'enfuir en claquant la porte, ou encore à s'enfermer dans sa chambre.

Le parent avisé ne se laisse pas distraire par des provocations et des insultes. Il maintient simplement ses exigences :

— « Je t'ai dit "non" ! »
— « Pour le moment, tu fais ce que je te demande ; nous reparlerons de tes insultes plus tard ! »
— « Cette fois, tes provocations seront sans effet ; tu vas rester à la maison ! »
— « Quoi que tu dises, tu vas m'accompagner chez le directeur ! Même si je ne suis pas responsable de ta naissance, je suis responsable de ton éducation. »

> * **L'escalade des provocations, des insultes et des coups résulte, le plus souvent, de l'habitude d'argumenter avec les enfants. Lorsque les parents cessent d'argumenter, ils risquent moins d'en venir aux coups avec leurs enfants.**

RESTEZ CALME ET NE CRIEZ PAS

L'agitation et les cris sont des aveux d'impuissance. Un ton de voix ferme est beaucoup plus efficace.

Lorsque l'enfant ou l'adolescent se met en colère, donnez-lui sans crier la directive de se calmer. Si vous croyez nécessaire de l'envoyer dans une autre pièce ou dans un coin pour l'aider à reprendre ses esprits, faites-le.

Lorsque l'enfant devient violent, cherche à détruire le mobilier, s'attaque à vous, à son frère ou à sa sœur, arrêtez-le et contrôlez-le en le serrant contre vous pour l'immobiliser. S'il s'agit d'un adolescent vraiment violent que vous n'arrivez plus à contrôler, demandez l'aide de la police.

Les moqueries, le ridicule, les insultes et les provocations amènent l'enfant ou l'adolescent à se sentir sans valeur et rejeté.

Exemples à éviter :
— « *Essaye donc de me frapper !* »
— « *Tu vas voir qui mène ici !* »
— « *Là, tu te penses intelligent !* »
— « *Espèce de niaiseux !* »
— « *T'es rien qu'un paresseux !* »
— « *Vaurien !* », « *Fainéant !* », « *Sans-cœur !* »
— « *Tu ne feras jamais rien de bon !* »
— « *Là, tu te penses bien fin !* »

L'enfant ou l'adolescent ainsi traité ressent colère et découragement. Il perd l'estime de lui-même et le respect pour ses parents.

NE JOUEZ PAS AU DÉTECTIVE

L'enfant cherche naturellement à éviter la honte et la punition. Qui pourrait l'en blâmer ! Lorsqu'on le questionne sur ses conduites répréhensibles, il est porté à les nier. Le parent qui pose des questions à l'enfant pour obtenir des aveux, ne se rend pas compte que, plus souvent qu'autrement, il entraîne l'enfant à dissimuler, à mentir et à blâmer les autres.

Le parent évite donc de jouer au détective.

Au lieu de dire :

— « *Es-tu allé à l'école aujourd'hui ?* » (lorsque le professeur nous a avisé du contraire)
— « *Est-ce que ça t'arrive de sécher des cours ?* » (lorsque le directeur a téléphoné parce qu'il avait séché ses cours)
— « *Est-ce que ça s'est bien passé à l'école aujourd'hui ?* » (lorsque l'on sait qu'il a été retenu pour avoir dérangé la classe)
— « *Est-ce que c'est toi qui a pris l'argent sur ma commode ?* » (lorsque le parent est certain que l'enfant l'a volé)
— « *Où est le camion que je t'ai donné hier ?* » (quand le parent l'a vu en morceaux devant la porte)

Il faut dire :

— « *Ton professeur m'a téléphoné parce que tu ne t'es pas présenté à l'école aujourd'hui ; demain, j'irai te reconduire à l'école et rencontrer ton professeur avec toi !* »
— « *Le directeur m'a avisé que tu avais séché deux cours cette semaine ; nous avons convenu de te faire reprendre le temps que tu as perdu.* »
— « *Ton professeur m'a dit que tu avais fait le "clown" en classe. Je ne veux plus que cela se reproduise.* »
— « *Viens ici et vide tes poches.* »
— « *J'ai vu que tu as déjà brisé le camion que je t'ai donné hier. Je ne suis pas contente du tout !* »

AUX GRANDS MAUX, IL FAUT PARFOIS OPPOSER LES GRANDS MOYENS

Lorsque votre enfant ou votre adolescent présente des problèmes de comportement tels l'indiscipline à l'école ou à la maison, l'abus de drogues, l'absentéisme scolaire, il peut être indiqué d'exercer sur lui une surveillance serrée et même d'utiliser la force physique *.

Si votre enfant ou votre adolescent ne suit pas vos directives, n'entre pas à l'heure prescrite, refuse parfois de se lever pour aller à l'école, sèche des cours, perturbe la classe et envoie promener les personnes en autorité, il se peut que son état requiert des interventions musclées de votre part pour redresser la situation.

Par exemple, si vous lui ordonnez de se lever pour aller à l'école et qu'il n'obtempère pas à votre demande, il sera peut-être nécessaire de le lever par la force de vos bras (même si votre intervention provoque une bagarre), le faire monter dans une voiture et le conduire à l'école. Et cela, autant de fois qu'il le faudra pour qu'il apprenne à se lever et à se rendre à l'école par lui-même.

De même, lorsqu'un enfant, malgré l'avertissement du parent, refuse de travailler à l'école, fait des pitreries et met en échec les consignes de ses professeurs, le parent, avec l'accord des autorités scolaires, peut l'accompagner en classe pendant quelques jours et assister

---

* **Avant d'utiliser de tels moyens, les parents s'assurent que leur enfant ou leur adolescent ne souffre pas d'une maladie (ex : dépression, psychose) ou d'un problème grave d'inadaptation (ex : personnalité délinquante). Lorsqu'ils sont dans le doute, les parents consultent le psychologue ou le travailleur social de leur école ou de leur CLSC. Ceux-ci sont en mesure de les référer au service approprié.**

aux cours avec lui afin de l'inciter à travailler et lui faire suivre les directives de ses professeurs.

Le jeune qui, après avertissement, continue de manquer des cours a vraisemblablement besoin, lui aussi, de la même médecine pour réaliser que ses parents sont sérieux lorsqu'ils lui interdisent de sécher ses cours.

De même, le jeune qui persiste à consommer des drogues contre votre gré, nécessite vraisemblablement un contrôle plus serré de votre part*. Votre compréhension, votre affection et le dialogue avec lui restent nécessaires, mais ne suffisent plus. Votre jeune a, en plus, besoin d'être surveillé et dirigé. Un changement s'impose.

Cessez de vous laisser manipuler. Fouillez ses poches, ses effets personnels, sa chambre. Recherchez les produits qui dégagent une odeur forte (comme les colles, les solvants, le cirage à chaussures, etc.), les cannettes pressurisées, les poudres blanches, les pilules, les papiers à cigarettes, les bouteilles vides, les pipes, la marijuana, l'alcool, etc. Confisquez ces objets et substances, de même que les posters, décorations et vêtements qui font la promotion de la drogue.

---

* La dépendance à la drogue ne peut toujours être imputée à la négligence des parents ou à leur manque d'autorité. Certaines drogues, en effet, engendrent une dépendance et, parfois, une violence qui sont hors du contrôle des parents. Lorsqu'ils sont aux prises avec de tels problèmes, les parents peuvent s'adresser à un centre spécialisé en toxicomanies pour y recevoir aide et conseils.

Dorénavant, exercez un contrôle minutieux sur son argent de poche. Assurez-vous que l'argent que vous lui donnez pour dîner ou pour d'autres nécessités, ne sert pas à l'achat de drogue.

Ne laissez plus votre jeune seul à la maison. Interdisez-lui la fréquentation des personnes et des lieux (dépanneurs, casse-croûte, arcades, salles de billard, etc.) qui peuvent l'approvisionner en drogues.

Ne lui permettez plus de quitter la maison sans savoir où il va et avec qui (noms, adresses, téléphones) ; vérifiez ensuite s'il est là où il doit être ; assurez-vous qu'il soit toujours sous la supervision étroite d'adultes responsables. Si vous constatez qu'il triche, accompagnez-le ou faites-le accompagner dans tous ses déplacements, même pour aller et revenir de l'école.

Rencontrez les autorités scolaires pour leur demander d'exercer sur lui une surveillance appropriée et de vous avertir s'il manque des cours ou se drogue à l'école.

Obligez-le aussi à choisir une ou plusieurs activités de loisirs offertes par votre communauté (sports, cours, activités culturelles, etc.) et à y participer avec assiduité. Assurez-vous cependant que ces activités sont étroitement supervisées par des moniteurs responsables et consciencieux.

Ce n'est qu'après plusieurs mois, lorsque vous aurez acquis la certitude qu'il a perdu l'habitude de se droguer, que vous pourrez graduellement lui laisser plus de latitude.

Chapitre IV

LES TOUT-PETITS FACE AUX INTERDITS PARENTAUX

LE PETIT ENFANT AGIT SOUS L'EMPRISE DE SES INSTINCTS ET DE SES PULSIONS

L'enfant recherche instinctivement le plaisir de ses sens : écouter, sentir, goûter, regarder, explorer, bouger, courir, ramper, sauter, toucher. Il ne peut contrôler facilement ses émotions de joie, de peine, de colère, de haine, de jalousie. Il agit sous l'emprise de ses pulsions agressives et sexuelles.

Les pulsions et les instincts sont innés et nécessaires. Ils sont les moteurs de l'existence. Ils assurent non seulement la survie de l'individu et de l'espèce, mais aussi le plaisir et l'épanouissement personnel.

Le rôle des parents n'est donc pas de mâter ces instincts et ces pulsions dès leurs premières manifestations*. Leur tâche consiste plutôt à enseigner **patiemment** à l'enfant la **maîtrise graduelle** de ses instincts et de ses pulsions. Elle exige beaucoup de temps et de tolérance.

Les parents ne doivent pas s'attendre à ce que des enfants en bas âge puissent respecter toutes leurs interdictions et suivre toutes leurs recommandations. Sachant qu'un enfant, c'est un enfant, ils évitent d'exiger l'impossible, de le gronder inutilement et de le punir avec sévérité pour ses transgressions.

* En particulier, le parent évite de désapprouver le petit enfant qui prend plaisir à regarder et à toucher ses organes génitaux.

UN ENFANT, C'EST IMPULSIF ET COLÉRIQUE

Un enfant de 2-3-4 ans n'est pas capable d'attendre. Ce qu'il veut, il le veut tout de suite. S'il n'obtient pas immédiatement ce qu'il désire, il perd contrôle et manifeste sa colère avec démesure (pleurs, cris, coups, insultes).

Il est, bien sûr, mal avisé de lui donner tout ce qu'il désire au moment où il le désire. C'est justement la tâche du parent de fournir à l'enfant les occasions de renoncer à la satisfaction immédiate de tous ses désirs. Encore faut-il que le parent accepte de le frustrer et de supporter ses colères.

Parmi les frustrations qu'un enfant de cet âge puisse rencontrer, il n'y en a guère de plus douloureuse, ni de plus utile, que la naissance d'un petit frère ou d'une petite sœur. Lorsque, soudainement, un enfant de 2-3-4 ans perd sa place au profit d'un nouveau bébé, on peut généralement s'attendre à ce qu'il exprime sa souffrance et sa rage par des gestes agressifs contre le bébé. Lorsque cela se produit, le parent intervient en prenant l'enfant par la main pour l'éloigner du nouveau-né et l'occuper à autre chose. Il lui interdit fermement de faire mal au bébé, tout en sachant qu'un enfant de cet âge n'est pas capable de toujours se retenir. C'est pourquoi, le parent évite de le taper, de le punir et de le traiter de « méchant ».

UN ENFANT, C'EST NATURELLEMENT ÉGOÏSTE

L'enfant de 2-3-4 ans se perçoit comme le nombril du monde. Il a tendance à tout centrer sur lui-même, sans tenir compte des désirs et des besoins de ses parents, de ses frères et sœurs, de ses compagnons et compagnes de jeu. Ce n'est que très graduellement qu'il deviendra capable de penser aux autres.

Les parents mal informés ont beaucoup de difficulté à accepter cet égoïsme naturel. Ils se perçoivent souvent comme de piètres éducateurs, inaptes à insuffler plus de générosité à leur progéniture.

Puisqu'il est « normal » qu'un enfant soit « égoïste », le parent évite de le lui reprocher. Un enfant qui se fait traiter « d'égoïste » ou de « sans-cœur » se sent très coupable et méchant, sans pour autant être davantage capable de penser aux autres.

Les parents peuvent cependant faire beaucoup pour enseigner la générosité, le partage et la bonne entente à leurs enfants. Ces derniers, même très jeunes, acceptent de prêter leurs possessions. Les enfants plus âgés (5-10 ans) peuvent, avec l'aide des parents, apprendre à apprécier les avantages concrets qu'ils peuvent retirer en prêtant, donnant ou partageant des objets ou des avantages avec les autres. L'enfant de cet âge donne plus volontiers lorsqu'il peut obtenir quelque chose en retour.

Les parents avisés montrent leur contentement et félicitent les enfants lorsqu'ils collaborent ensemble. Ils les encouragent à jouer ensemble, à exécuter des tâches et à mettre en œuvre de petits projets communs, et cela, en dépit des conflits et des égoïsmes qui surgissent inévitablement. L'important, c'est de susciter et d'encourager les petits progrès des enfants vers la bonne entente, la collaboration et la générosité.

UN ENFANT, ÇA EXPLORE

L'enfant naît explorateur. Il a un besoin inné de scruter tout ce qu'il peut apercevoir, de fouiner tout partout à la recherche de nouvelles sensations et de nouvelles découvertes.

Lorsqu'il fouille dans les armoires; lorsqu'il se met à faire du bruit en manipulant les casseroles ou en frappant dessus; lorsqu'il explore les sons en émettant des bruits et des cris, laissez-le faire le plus possible et évitez de le gronder. Permettez à ce petit touche-à-tout de satisfaire sa curiosité, tout en exerçant une surveillance adéquate pour lui éviter des accidents.

Au fur et à mesure que l'enfant grandit, ses activités exploratrices deviennent de plus en plus complexes, font inévitablement du bruit, des traîneries, quelques égratignures sur les meubles, quelques bris et de nombreux dégâts.

Tenez-vous-en à des restrictions essentielles. En autant que ce qu'il fait n'est pas vraiment trop dangereux pour lui ou trop ennuyeux pour vous, permettez-lui d'explorer son environnement*.

Surtout, ne soyez pas surpris s'il oublie vos recommandations, passe outre à vos interdictions ou vous «désobéit» lorsque vous tentez de limiter sa passion d'explorateur. Rappelez-vous: un enfant, ça explore.

---

* Bien sûr, le parent doit imposer des limites. Il ne doit pas laisser l'enfant tout briser dans la maison, chez la parenté, dans la cour des voisins, etc.

UN PETIT ENFANT NE PEUT « TOUJOURS RESPECTER LE BIEN D'AUTRUI », ET « TOUJOURS DIRE LA VÉRITÉ »

L'enfant est attiré irrésistiblement par tout ce qui peut lui procurer du plaisir : un objet qui le fascine, un jouet, un vêtement, une friandise. Alors, il prend, même sans autorisation.

Un enfant de 2-3-4 ans ne peut comprendre la notion de propriété. Et il est si impulsif qu'il ne peut s'empêcher de s'approprier les objets qui l'intéressent. Le parent ne doit donc pas s'étonner lorsqu'un enfant de cet âge ne respecte pas l'interdit « de ne pas prendre ce qui appartient à quelqu'un d'autre ». Il serait malvenu de le punir ou de le gronder pour cela. La seule intervention logique est de lui faire remettre à ses propriétaires les objets qu'il s'approprie : « Ceci appartient à ta sœur ; rends-le-lui immédiatement ! » *

De même, « dire la vérité » n'a pas de sens pour un enfant de cet âge, où le recours à l'imaginaire est si important. L'enfant fabule. Un jour, il affirme en toute bonne foi que son toutou en peluche l'a mordu ; à un autre, que sa poupée de chiffon est un vrai bébé ; à un autre, que ses animaux de carton sont bien vivants. Le parent ne doit pas essayer de le convaincre du contraire ou de lui faire avouer qu'il se trompe. Car, c'est en ayant recours à ses fantaisies, à la mise en scène et au jeu dramatique que l'enfant exprime ses sentiments et trouve des alternatives acceptables à ses agirs agressifs et destructeurs.

Un enfant de 2-3-4 ans ne peut mentir. Lorsqu'il ne dit pas la vérité (au sens où l'entend le parent), il fabule ; ou encore, il cherche simplement à éviter la désapprobation ; il ne peut avoir l'intention de « rouler » ses parents. Le traiter de « menteur » n'a pas de sens, non plus que de le punir pour « avoir menti », non plus que de lui faire promettre « de ne plus mentir ».

---

* **La règle de propriété doit s'appliquer même lorsqu'il s'agit d'un frère ou d'une sœur aînés. Le parent ne doit jamais obliger un aîné à céder ses choses à un cadet sous prétexte que ce dernier est plus petit et qu'il ne comprend pas assez.**

IL Y A DES LIMITES À L'OBÉISSANCE

Les plus grandes limites à l'obéissance chez l'enfant sont celles imposées par son âge, son niveau de développement physique et psychologique, de même que son manque d'apprentissage.

L'enfant ne se développe que graduellement; il n'apprend que très graduellement. Le parent ne peut, par exemple, demander à un enfant d'un an de ne plus mouiller son lit ou son pantalon, parce que la plupart des enfants n'ont pas le développement physique requis pour contrôler parfaitement leur vessie avant l'âge de trois ans. Le parent peut s'attendre à des « accidents » jusqu'à l'âge de six ans.

Un enfant de 2-3-4 ans ne peut obéir à un parent qui lui demande de manger proprement et de bien se tenir à table, tout simplement parce qu'il n'est pas suffisamment développé pour le faire.

Tout comme un parent ne peut exiger d'un enfant qu'il sache lire, écrire et compter parfaitement, il ne peut s'attendre à ce qu'un enfant de 8–10–12 ans pense toujours à laver ses mains, à brosser ses dents, à ramasser ses jouets, à ranger ses vêtements, à rentrer sa bicyclette, à faire la vaisselle, à sortir les ordures ménagères et à compléter ses travaux scolaires; qu'il soit toujours poli, tranquille et ponctuel.

Un enfant ne peut faire tout ça et être tout ça avant l'âge adulte, c'est-à-dire avant de s'être entraîné à ces disciplines pendant quinze ou dix-huit ans. L'enfant a, en effet, besoin de beaucoup de temps et de liberté de mouvement pour apprendre, se développer et s'épanouir par le jeu et par ses relations avec d'autres enfants et avec d'autres adultes.

Le parent ne peut toujours exiger de l'enfant une obéissance immédiate, par exemple quand ce dernier est absorbé par une tâche, un jeu ou une activité intéressante.

Il faut aussi savoir qu'un certain degré d'opposition et d'affirmation de soi est désirable. Lorsque l'enfant dit « non », ou « je ne le ferai pas », ou « je le ferai quand même », il n'est pas approprié de le giffler ni de le punir sur-le-champ. Sans changer sa consigne, le parent peut simplement lui dire qu'il lui laisse quelque temps pour se ressaisir et se plier à ses exigences.

Il n'est pas approprié, non plus, d'imposer la soumission à l'enfant qui, vers l'âge de deux ans, se met à dire « non » à tout ce que proposent ses parents. Ces « non » ne doivent pas être interprétés comme des agressions contre les parents, mais simplement comme des efforts que fait l'enfant pour se différencier d'eux et devenir plus autonome. Cette phase du développement de l'enfant est appelée « la période du non ».

Chapitre V

L'ART DE DIRIGER LES ENFANTS

AVOIR DE L'AUTORITÉ SUR LES ENFANTS N'INTERDIT PAS LES JEUX, LES RAPPROCHEMENTS ET LES MARQUES D'AFFECTION ENTRE PARENTS ET ENFANTS

C'est à travers les soins physiques, les jeux et les marques d'affection que s'élaborent les liens profonds entre les parents et l'enfant. De là, l'importance que les deux parents participent aux soins du nourrisson. Le père qui attend que son enfant coure et parle avant de s'en occuper, risque fort de manquer le bateau. Son autorité en sera diminuée. En effet, l'autorité parentale réelle n'est pas le pouvoir de faire peur, mais l'influence profonde que le parent exerce sur son enfant *.

L'influence réelle du parent est toute « affective ». L'enfant qui bénéficie de soins adéquats et de marques d'affection, accepte mieux d'être dirigé parce qu'il se sent aimé et veut faire plaisir à ses parents. C'est pourquoi, il est si important que les parents expriment leur affection à leur enfant. Les parents avisés profitent de toutes les occasions qui leur sont offertes (comme les départs, le matin, pour l'école, les retours de l'école, les anniversaires, les succès, les joies et les chagrins de l'enfant) pour manifester leur affection par des paroles franches et des gestes physiques.

* Contrairement à la croyance populaire, le parent qui est craint seulement à cause de sa sévérité, n'a pas d'autorité durable. Dès qu'il s'absente ou disparaît, l'enfant s'empresse de mal se conduire.

CAROTTE OU BÂTON, CE SONT LES CONSÉQUENCES QUI, FINALEMENT, CONTRÔLENT LES COMPORTEMENTS DES ENFANTS COMME CEUX DES ADULTES

L'enfant n'obéit que dans la mesure où sa collaboration est assez souvent récompensée par des conséquences agréables (approbation verbale ou gestuelle, encouragements verbaux, attention positive, récompenses matérielles, privilèges, paroles ou gestes affectueux), et que sa non-collaboration est généralement punie par des conséquences désagréables (refus d'attention, désapprobation, retrait de privilège, isolement bref, obligation de réparer ou de s'excuser, etc.).

De plus, pour être pleinement efficace, une conséquence doit être immédiate. Une récompense ou une punition à retardement perd de son efficacité.

ENCOURAGER L'OBÉISSANCE EST PLUS EFFICACE QUE DE PUNIR LA DÉSOBÉISSANCE

Le patron qui encourage et récompense ses employés pour leur rendement au travail, obtient davantage de ceux-ci que celui qui se contente de punir leur manque de productivité et leurs écarts de conduite.

De même, le parent qui donne de l'attention, des encouragements et de petites récompenses à son enfant pour sa collaboration, obtient davantage que celui qui se contente de le punir pour ses désobéissances et ses refus de collaborer.

De plus, en regard du bien-être émotif de l'enfant et de sa relation affective avec le parent, il vaut mieux qu'il apprenne à obéir à ses parents davantage pour leur faire plaisir que parce qu'il les craint.

NOUS APPRENONS AUX ENFANTS À BIEN SE COMPORTER QUAND NOUS SOULIGNONS LEURS COMPORTEMENTS DÉSIRABLES

Plus nous nous occupons des comportements désirables d'un enfant, mieux il se comporte.

Plus nous nous occupons de ses comportements indésirables et que nous ignorons ses comportements désirables, plus l'enfant se comporte mal.

Le parent qui est obligé de punir souvent, c'est celui qui ne sait pas comment encourager l'enfant à bien se comporter ; c'est celui qui néglige de montrer sa satisfaction, d'approuver son enfant, de lui donner de l'attention et de le récompenser lorsqu'il se comporte bien.

PLUSIEURS ENFANTS SE COMPORTENT MAL PARCE QU'ILS SE SONT APERÇUS QUE C'EST LA FAÇON LA PLUS EFFICACE D'OBTENIR L'ATTENTION DE LEURS PARENTS

Pour l'enfant, l'attention de ses parents est un élément **vital**. S'il ne peut obtenir cette attention par des comportements de collaboration, il s'apercevra bien vite que sa non-collaboration possède ce pouvoir magique d'attirer sur lui l'attention de ses parents.

Ceux-ci auront beau taper, punir et chicaner, il continuera de mal faire pour obtenir cette attention. Apparemment, les tapes, les punitions et les réprimandes des parents sont moins douloureuses pour l'enfant que la privation d'attention dont il souffre quand il se comporte bien et que ses parents l'ignorent.

ENCOURAGER LES COMPORTEMENTS DÉSIRABLES EST PLUS DIFFICILE QUE DE PUNIR LA DÉSOBÉISSANCE

Tous les parents savent punir, ou croient le savoir, même si, dans les faits, plusieurs punissent avec excès, à contretemps et de manière tout à fait inefficace.

Moins nombreux cependant ceux qui oseraient affirmer qu'ils possèdent l'art d'encourager leurs enfants à la collaboration. La plupart des parents ont appris à punir en observant leurs propres parents, alors que, très souvent, ils n'ont pu apprendre à contrôler les enfants par des méthodes plus positives.

Il est cependant possible, avec beaucoup d'efforts, de ténacité et de pratique, d'apprendre à s'occuper des comportements désirables des enfants et à encourager leur collaboration [*].

À cette fin, nous suggérons aux parents de se fixer une heure de pratique par jour pendant quelques mois, jusqu'à ce que l'habitude d'encourager leurs enfants à bien se comporter soit suffisamment acquise pour durer.

[*] **Nous parlons ici d'encouragements honnêtes et sincères, non de louanges vides de sens, de flatteries et de compliments mensongers.**

LORSQUE NOUS MÉLANGEONS LES LOUANGES ET LES APPROBATIONS AVEC LES CRITIQUES, L'ENFANT NE RETIENT QUE LES CRITIQUES. CELA CONTRIBUE À LE DÉCOURAGER

Ne mélangeons pas le miel et le vinaigre.

Ne mélangeons pas les approbations et les louanges avec les critiques.

Ne pas dire:
— *"Je suis content de te voir jouer amicalement avec ton frère, **mais c'est si rare.**"*
— *"Tu as un beau bulletin, **mais t'aurais pu faire beaucoup mieux.**"*
— *"Merci pour avoir mis la table, **mais tu as oublié de mettre le sel et le poivre.**"*

Si nous voulons des progrès, soulignons uniquement les côtés positifs.

COMMENT EMPÊCHER QUE MÊME NOS SUGGESTIONS POSITIVES TOURNENT AU VINAIGRE ET DÉCOURAGENT L'ENFANT

Première règle:

Ne jamais dire le mot "mais" après avoir fait une approbation, un encouragement ou une félicitation. Ce mot fait tourner au vinaigre ou à la critique même les suggestions les plus bienveillantes.

Exemples à éviter:

« *Je te remercie pour avoir lavé la voiture,* ***mais tu ne l'as pas essuyée et elle est toute bariolée*** ».

« *Je vois que tu as fait le ménage dans ta chambre,* ***mais t'as oublié d'épousseter***. »

Deuxième règle:

Séparer les approbations d'avec les suggestions. D'abord formuler l'approbation en disant en détail le pourquoi de cette approbation. Il s'agit alors de dire à l'enfant notre satisfaction pour l'effort qu'il a fait ou pour la partie de la difficulté ou du travail qu'il a réussie ou accompli. Ensuite seulement, nous pouvons nous permettre de lui faire une suggestion positive, en séparant l'approbation en question d'avec notre suggestion par le mot "maintenant".

Exemples

"C'est gentil d'avoir pensé à laver mon auto. Elle était vraiment sale. Tu as fait un gros travail. Maintenant, il ne reste plus qu'à l'essuyer pour la faire briller. Viens, je vais te montrer comment faire. Nous allons le faire ensemble."

"Ca fait du bien, n'est-ce pas de faire du ménage dans ta chambre. Tout est en ordre. Une dure corvée, n'est-ce pas!... Maintenant, il ne reste plus qu'à épousseter tes meubles. Est-ce que tu veux que je te donne un coup de main?"

"Je suis contente de vous voir jouer amicalement tous les deux. C'est beau de vous voir!... Maintenant, voyons si vous êtes capables de continuer ainsi de jouer ensemble, sans vous chicaner, pendant les dix prochaines minutes!"

"Merci d'avoir mis la table. Ca m'a rendu un grand service... Maintenant, est-ce que tu pourrais m'apporter le sel et le poivre."

IL VAUT MIEUX, TRÈS SOUVENT, IGNORER LES COMPORTEMENTS INDÉSIRABLES ET MONTRER NOTRE APPROBATION POUR LES COMPORTEMENTS DÉSIRABLES

Ignorer les comportements indésirables (dont on s'occupe habituellement) fait augmenter, pour une brève période, le nombre de ces comportements, mais, à la longue, ce nombre diminue.

Ainsi, si vous décidez d'ignorer Jean, au lieu d'intervenir, quand il taquine sa soeur; et si vous ignorez aussi les cris de Judith qui vous appelle à son secours, vous allez observer d'abord que Jean va agacer sa soeur davantage et que celle-ci va crier davantage pour obtenir votre aide; mais si vous tenez bon et continuez d'ignorer ces comportements indésirables pendant quelques jours, vous observerez alors une diminution importante des cris de Judith et des agaceries de Jean.

En même temps, il ne faudra pas manquer de les approuver chaleureusement chaque fois que vous les verrez jouer amicalement ensemble (même pour quelques minutes).

* Il s'agit ici d'ignorer les petits comportements indésirables qui ne présentent aucun danger grave pour l'enfant lui-même et pour autrui. Evidemment, les parents ne peuvent ignorer un enfant qui, par exemple, fait un vol ou risque de blesser autrui.

POUR FAIRE DIMINUER LES COMPORTEMENTS INDÉSIRABLES, IL FAUT TROUVER LES MOYENS DE FAIRE AUGMENTER LES COMPORTEMENTS DÉSIRABLES

Pour faire diminuer la désobéissance, il faut encourager l'obéissance.

Pour faire diminuer les impolitesses, on encourage l'enfant à être poli.

Pour faire cesser les chicanes et les coups entre frères et soeurs, on encourage la bonne entente et la collaboration entre eux.

Encourager l'enfant à collaborer aux tâches ménagères met en échec le désordre et la malpropreté.

Encourager l'enfant à faire ses travaux scolaires de façon indépendante met fin aux chicanes et aux accaparements à l'heure des devoirs et des leçons.

Encourager l'enfant aux activités de loisir et de travail met en échec l'oisiveté et bien d'autres comportements indésirables.

Amener un enfant dehors pour faire de la marche, du ski de randonnée ou de la raquette, pour jouer à la balle ou au ballon, ou encore l'amener dans un centre de loisirs et l'encourager à faire des sports peut mettre fin à sa surconsommation de télévision, ou à sa tristesse, ou à son ennui, ou à ses comportements d'enfant timide.

FAIRE ACQUÉRIR DE BONNES HABITUDES EN FAISANT SUIVRE *CHACUN* DES COMPORTEMENTS DÉSIRÉS PAR UNE CONSÉQUENCE POSITIVE *IMMÉDIATE*

Un parent souhaite-t-il, par exemple, que son enfant prenne rapidement la bonne habitude d'aider dans la maison? Alors, il s'organise pendant plusieurs jours pour d'abord demander à son enfant des choses qu'il sait que l'enfant aimera faire.

Chaque fois que l'enfant aide, il l'encourage *immédiatement* en le remerciant chaleureusement ou en exprimant son contentement pour le travail accompli.

Bien vite, ce parent s'apercevra que son enfant prendra des initiatives pour aider, même en faisant des tâches qu'il trouvait désagréables auparavant.

UNE ACTIVITÉ QU'UN ENFANT CONSIDÈRE TRÈS INTÉRESSANTE PEUT SERVIR D'ENCOURAGEMENT POUR L'AIDER À ACCOMPLIR UNE AUTRE ACTIVITÉ QU'IL TROUVE MOINS INTÉRESSANTE

Supposons que Jean s'amuse très souvent avec sa piste de course pour petites autos. Ses parents peuvent alors conclure que cette activité est très intéressante pour lui.

Ils peuvent ensuite utiliser cette activité pour aider Jean à accomplir d'autres activités qui sont moins intéressantes pour lui.

Exemples:

"Tu fais d'abord tes devoirs et, ensuite, tu pourras jouer avec ta piste de course."

"Tu m'aides d'abord à faire la vaisselle et, ensuite, nous jouerons tous les deux avec ta piste de course."

POUR ÊTRE VALABLE, TOUTE FÉLICITATION, REMERCIEMENT OU APPRÉCIATION DOIT ÊTRE SINCÈRE ET, EN PLUS, BIEN MÉRITÉE PAR L'ENFANT

Les qualificatifs exagérés ou les flatteries minent notre crédibilité et, partant, notre autorité.

Par exemple, dire à un enfant qu'il est un génie, un grand musicien ou un grand cuisinier, le plus beau ou le plus intelligent de toute la création, ne mène à rien.

Car, généralement, l'enfant connaît ses difficultés et ses limites. Tôt ou tard, il s'apercevra que nous lui mentons, et il en éprouvera une grande déception.

LES COMPLIMENTS OU APPRÉCIATIONS * DOIVENT PORTER SUR LE TRAVAIL OU LES ACCOMPLISSEMENTS DE L'ENFANT

— *"Merci d'avoir lavé l'auto."*

— *"Je suis contente que tu aies fait ton lit."*

— *"Je te remercie d'avoir fait la vaisselle, ça m'a rendu service."*

— *"Comme c'est propre ici, je vois que tu as fait le ménage."*

— *"Tu as fait des progrès en calcul et en dictée: je te félicite."*

— *"Bravo! Ca ne t'a pas pris de temps à te préparer ce matin."*

— *"Tu as bien joué (du piano) ce soir, c'était très agréable de t'entendre."*

— *"Tes biscuits sont bien bons."*

— *"Ton jello est réussi."*

— *"Je te remercie d'avoir pensé à moi; c'est une bonne idée que tu as eu là."*

— *"Il me plaît ton poème."*

— *"C'est joli ce que tu as écrit."*

* C'est à travers ces appréciations que l'enfant découvre le sentiment de sa valeur personnelle. Il apprend à être satisfait de lui-même et de ce qu'il fait. Sa satisfaction personnelle devient un encouragement et, partant, une source importante de motivation à bien faire.

UN TRAVAIL TROP LONG À EFFECTUER RISQUE DE DÉCOURAGER L'ENFANT

La quantité de travail exigée d'un enfant devrait, idéalement, être taillée sur mesure, c'est-à-dire correspondre à ses capacités et à son degré d'entraînement. Cet entraînement au travail ne peut être que graduel. L'enfant de 4-5 ans pourra, par exemple, exécuter une tâche d'une durée de cinq ou dix minutes. Si ses parents continuent de l'entraîner avec régularité, il pourra, vers l'âge de 9-10 ans, travailler sans arrêt pendant trente ou quarante minutes ; vers 14-15 ans, il sera capable de travailler pendant une ou deux heures d'affilée sans se reposer, et même d'accomplir une journée normale de travail.

Lorsque les parents jugent qu'une tâche est trop longue ou trop ennuyeuse, compte tenu des capacités réelles de leur enfant, ils peuvent la fractionner en plus petites étapes. Pendant que l'enfant effectue son travail et à la fin de chaque étape, ils n'oublient pas de montrer leur appréciation pour le travail accompli.

Exemples de fractionnement de tâche :
— « *Tu tonds d'abord cette partie du gazon et, ensuite, tu pourras aller jouer chez ton ami* ».
— « *Aide-moi à pelleter pendant une demi-heure ; ensuite, je continuerai tout seul* ».
— « *Résous d'abord ces deux problèmes de maths, puis tu viendras me les montrer ; ensuite, tu feras les deux suivants, et ainsi de suite.* »

Lorsqu'une tâche est trop longue ou trop ennuyeuse, il est tout à fait normal qu'un enfant délaisse soudainement son travail pour jouer ou s'occuper à autre chose. Le parent lui permet alors, de bonne grâce, de se reposer ou de jouer, quitte à le remettre au travail plus tard. Il évite surtout de critiquer l'enfant lorsqu'il cesse de travailler.

POUR ÊTRE PLEINEMENT EFFICACES, NOS ENCOURAGEMENTS DOIVENT SE FAIRE « SUR-LE-CHAMP »

Nos encouragements ne doivent pas se faire attendre. Ils doivent suivre **immédiatement** les comportement que nous désirons encourager.

Des études ont démontré que plus l'encouragement **suit de près** un comportement, plus cet encouragement a de l'effet. Il y a alors plus de chances que l'enfant reproduise de nouveau le comportement pour lequel il a été encouragé.

Exemples:
Ainsi, on peut prévoir qu'un enfant sera plus porté à faire, de nouveau, la vaisselle, si ses parents le remercient **immédiatement** *au moment même où il termine son travail, que s'ils le remercient seulement une heure plus tard.*

De même, un enfant sera plus porté à obéir à ses parents, si ceux-ci l'encouragent **im-médiatement** *quand il leur obéit.*

AUGMENTER L'EFFICACITÉ DES ENCOURAGEMENTS IMMÉDIATS EN RACONTANT LES BONS COMPORTEMENTS ET LES PETITS PROGRÈS DE L'ENFANT AUX PERSONNES QU'IL PRÉFÈRE

Les enfants sont très sensibles à la considération et à l'estime des gens qu'ils aiment et admirent. Ils sont prêts à faire beaucoup d'efforts pour mériter l'approbation des personnes qu'ils aiment. Ces personnes peuvent être le père ou la mère, un oncle, une tante, les grands-parents, un voisin, une voisine ou encore des amis de la famille.

Aussi lorsqu'un enfant fait un effort spécial pour bien se comporter, pour faire un travail ou pour rendre service, il est bon de lui mentionner que nous en parlerons aux personnes en question. Ensuite, il faut s'exécuter dès que possible. S'il n'est pas possible de rencontrer ces personnes le jour même pour tout leur raconter, on ne doit pas hésiter à leur téléphoner. L'enfant pourra alors parler, lui aussi, avec cet être cher et recevoir les encouragements qu'il mérite.

Exemple:

Jeannot adore son père. Aussi, chaque soir, quand le père revient de son travail, Jeannot est là, à la fenêtre, pour guetter son retour.

Tante Hélène, qui garde Jeannot pendant la journée, connaît bien les enfants et elle sait se faire aimer et écouter. De temps en temps, dans la journée, quand elle observe que Jeannot fait des efforts spéciaux pour bien se comporter, a des initiatives heureuses ou fait une création nouvelle, elle le félicite immédiatement et lui dit: "Je vais en parler à papa quand il entrera" ou "On va montrer ça à papa, ce soir". Alors, Jeannot manifeste sa joie et ses yeux brillent de plaisir.

Quand le père entre, le soir, c'est toute une fête pour Jeannot. Tante Hélène raconte dans les détails les exploits de son neveu; le père écoute avec intérêt et montre par ses attitudes, ses questions et ses encouragements qu'il est très fier de son fils.

L'ANNONCE D'UNE « SURPRISE » EST UN PUISSANT STIMULANT À BIEN FAIRE

Les enfants adorent les surprises. Ils sont prêts à faire de grands efforts pour les obtenir. Aussi, quand les enfants éprouvent de grandes difficultés ou qu'ils ont besoin d'une motivation spéciale, l'annonce d'une ''surprise'' est bienvenue.

Les parents doivent toutefois prendre grand soin d'indiquer **clairement** à l'enfant quels sont exactement les comportements désirés pour mériter cette ''surprise''.

Exemples:

Daniel déteste les maths. Quand il a des maths pour devoir, il s'asseoit devant sa table de travail avec un air découragé et il prend un temps fou pour se mettre à l'ouvrage. Ce soir, son père, au lieu de chicaner comme d'habitude, lui a dit avec entrain: "Je sais que tu n'aimes pas les maths. J'ai, cependant, une suggestion à te faire pour t'encourager dans tes efforts. Dans une demi-heure, exactement, je reviens te voir. Si tu as terminé les six problèmes que tu as à résoudre et que tu en as au moins quatre de bons, je te promets une petite "surprise"!"

Jacques fait souvent pipi dans ses culottes quand il joue dehors avec ses amis. Cet après-midi, quand il est sorti dehors, sa mère lui a promis une "surprise" si sa culotte était encore sèche à l'heure du souper.

SAVOIR RECONNAÎTRE ET ENCOURAGER LES PETITS PROGRÈS

L'enfant, tout comme nous d'ailleurs, ne peut atteindre la perfection du premier coup. Il apprend et progresse peu à peu chaque jour. S'il reçoit de l'approbation et des encouragements pour ses petits progrès, il continuera de s'améliorer. Sinon, il y a des chances qu'il se décourage et abandonne.

Exemples:

Quand René a dessiné son premier bonhomme, il a oublié de faire les yeux, les oreilles, la bouche et les doigts. Son père l'a félicité chaleureusement (sans mentionner les oublis), et il a affiché le dessin après l'avoir montré à toute la famille. René a continué à faire des bonshommes et à s'améliorer dans ses dessins. Le père a aussi continué de féliciter son fils pour ses petits progrès en dessin. Aujourd'hui, René est très habile et adore le dessin.

Pierre avait treize ans. C'était un garçon qui, d'habitude, refusait de collaborer et d'aider aux tâches familiales. Un jour, son père lui a demandé de couper le gazon pendant que lui, le père, taillerait la haie. Pierre a commencé à couper le gazon sans rechigner, puis s'est arrêté après quinze minutes en déclarant qu'il était tanné. Contrairement à son habitude, le père a évité de chicaner et de traiter son fils de paresseux. Il lui a déclaré: "Aujourd'hui, je suis fier de toi. Tu as travaillé au moins quinze minutes d'affilée; tu as tondu un grand morceau! Tu me rends très content." Depuis ce jour, Pierre s'est montré plus intéressé à aider son père; ce dernier a continué de remarquer et de souligner les petits progrès de son fils. Aujourd'hui, Pierre est devenu un garçon travaillant et habile.

LES POTS-DE-VIN APPRENNENT À L'ENFANT À MAL SE COMPORTER

Les pots-de-vin sont des récompenses données à l'enfant immédiatement après des comportements indésirables, pour obtenir la paix ou une autre faveur de l'enfant.

Exemples de pots-de-vin:

— *Luc fait une crise pour obtenir des bonbons; sa mère cède et lui donne des bonbons pour avoir enfin la paix. (La mère récompense ainsi un comportement indésirable, à savoir la crise de l'enfant.)*

— *André, 2 ans, pique une colère contre sa mère et se met à la frapper à coups de pieds; celle-ci le prend alors dans ses bras et lui donne des baisers pour le calmer. (Les gestes d'affection récompensent l'enfant pour sa colère et ses coups de pieds.)*

— *Jean obtient de ses parents jouets, argent et friandises sur commande. Ses parents refusent parfois, mais l'enfant n'a qu'à insister davantage, à pleurnicher, à menacer ou à achaler ses parents pour obtenir tout ce qu'il désire.*

— *Sylvie est fâchée. Elle se met à crier. Son père lui dit: "Si tu arrêtes de crier, je vais t'amener faire une promenade en auto". (Ici, c'est par une promesse que le père récompense les cris de Sylvie.)*

— *Madame Tremblay demande à son fils René d'aller faire une commission. Celui-ci refuse, bougonne, puis prétexte que c'est injuste, que c'est toujours à son tour de faire les commissions. Alors, sa mère lui offre un pourboire pour qu'il accepte d'y aller.*

LORSQUE L'ENFANT EST SOUS LE CHOC D'UNE ÉMOTION VIVE, CE N'EST PAS LE MOMENT DE LUI FAIRE LA LEÇON

L'enfant est comme nous. Lorsque nous avons un échec, éprouvons une déception, commettons une erreur ou une bévue, sommes tristes ou en colère, nous n'aimons pas qu'une « autorité » vienne nous faire la leçon. Ainsi, s'il nous arrive de brûler un feu rouge, nous n'apprécions guère qu'un policier nous dise : « Tu ne vois pas clair, non ? » ou encore « T'aurais pas pu faire attention ? » Lorsque nous sommes humiliés ou insultés, nous nous offusquons que quelqu'un nous critique ou nous questionne pour savoir quels sont nos torts.

C'est pourquoi, il faut éviter de dire :
- À l'enfant qui est resté en retenue après la classe : « *C'est bon pour toi, ça t'apprendra !* »
- À l'enfant qui fait un dégât accidentel : « *Tu ne pourrais pas faire attention !* »
- À l'enfant qui souffre d'une indigestion : « *La prochaine fois, tâche d'être moins gourmand.* »
- À l'enfant qui est jalouse : « *Pour que tu sois contente, il faudrait que nous n'achetions jamais rien pour ta sœur.* »
- À l'enfant qui est en colère : « *Ça ne vaut pas la peine de te fâcher pour si peu !* »
- À l'enfant qui est malade : « *Il y en a des pires que toi, tu sais !* »

LORSQU'IL SE SENT COMPRIS, L'ENFANT EST PLUS ENCLIN À SE CORRIGER ET À COLLABORER

Mieux vaut dire d'abord :
— « *C'est plate de faire de la retenue.* » *
que :
— « *J'espère que dorénavant tu n'oublieras plus de faire tes travaux scolaires.* »

Mieux vaut dire d'abord :
— « *C'est choquant de renverser son lait.* »
que :
— « *Une autre fois, tu feras plus attention.* »

Mieux vaut dire d'abord :
— « *Ce n'est pas drôle d'avoir mal au cœur.* »
que :
— « *Je pense que tu as trop mangé ; la prochaine fois, ne sois pas si gourmand.* »

Mieux vaut dire d'abord :
— « *Tu aimerais avoir une belle robe comme celle de ta sœur.* »
que :
— « *Voyons chérie, sois raisonnable ; tu as plus de robes qu'elle n'en a !* »

Mieux vaut dire d'abord :
— « *Je vois que tu es très fâchée !* »
que :
— « *Plus tu vas te fâcher, pire ça va être. Allons, calme-toi !* »

Mieux vaut dire d'abord :
— « *C'est décevant d'échouer un examen.* »
que :
— « *La prochaine fois, tu étudieras davantage.* »

Mieux vaut dire d'abord :
— « *Tu avais le sentiment d'avoir fait beaucoup d'efforts.* »
que :
— « *Si j'étais toi, je travaillerais encore plus fort.* »

Mieux vaut dire d'abord :
— « *C'est dur ce travail.* »
que :
— « *Dépêche-toi pas tant, puis ça va aller mieux !* »

* **Les parents peuvent montrer de la compréhension à l'enfant, sans toutefois blâmer les autorités scolaires pour cette retenue.**

IL FAUT DIFFÉRENCIER LES ACTIONS INDÉSIRABLES ET LES SENTIMENTS NÉGATIFS DES ENFANTS

Si les parents doivent s'appliquer à corriger les **actions indésirables** de leurs enfants, ils doivent veiller à ne pas réprimer leurs **sentiments négatifs** (comme leur colère, leur jalousie, leur peine et leur haine).

Les parents, par exemple, empêchent l'enfant de les frapper, de les injurier, ou encore de blesser un frère ou une sœur, mais lui permettent de dire qu'il est fâché contre eux, déteste le bébé ou haït momentanément son père ou sa mère.

Bien plus, les parents doivent aider leur enfant à exprimer ses sentiments négatifs.

Exemples :
— « *Tu as l'air fâché contre moi ?* »
— « *Parfois, tu aimerais mieux ne pas avoir de petit frère, n'est-ce pas ?* »
— « *Tu dois avoir le goût de te venger de lui, même s'il te faut te retenir !* »
— « *Tu as l'air triste.* »
— « *C'est dur de perdre son chat.* »

SELON LES CIRCONSTANCES, LES RÉPRIMANDES ET LES AVERTISSEMENTS PEUVENT AVOIR DE BONS OU DE MAUVAIS EFFETS

Les recherches actuelles nous portent à croire qu'une réprimande ou une désapprobation faite privément, à voix basse et sans animosité excessive a bien des chances d'être efficace.

D'autre part, les recherches actuelles démontrent que les réprimandes et les désapprobations faites agressivement, d'une voix forte ou en public augmentent le nombre de comportements indésirables.

Il s'agit d'ailleurs d'un peu de bon sens pour s'apercevoir que crier publiquement des réprimandes aux enfants les rend nerveux, agités, apeurés, honteux, fanfarons ou agressifs, alors qu'une simple réprimande ou désapprobation faite privément, à voix basse, ne met pas les enfants dans ces états. Il faut dire aussi que, pour certains enfants qui aiment attirer l'attention à tout prix, une désapprobation faite en public équivaut à un encouragement à mal faire.

Quant aux avertissements, il faut ajouter qu'ils perdent toute efficacité lorsque la non-collaboration de l'enfant n'est pas suivie par une conséquence aversive (punition) immédiate. Les avertissements qui ne sont que menaces vides et paroles en l'air n'ont aucune efficacité. Ainsi, le parent qui, dans un lieu public ou en voiture, avertit les enfants de cesser de se bagarrer ou encore de mettre un terme à une crise de colère, sabote lui-même son autorité s'il n'est pas déterminé à reconduire **immédiatement** à la maison les enfants qui n'obéissent pas sur-le-champ.

LES PUNITIONS CORPORELLES SONT GÉNÉRALEMENT DÉCONSEILLÉES, CAR ELLES PRODUISENT TROP D'EFFETS INDÉSIRABLES

Les tapes et les coups peuvent porter les enfants à s'éloigner de leurs parents, en suscitant en eux la crainte, la haine, la rancune et le désir de vengeance. Les punitions corporelles poussent aussi les enfants à mentir et à se cacher dorénavant pour commettre les actions qui leur ont valu ces sévices.

Comme autre conséquence, elles enseignent à l'enfant, par l'exemple, à frapper les autres et à utiliser la violence pour imposer ses volontés.

C'est pourquoi, les tapes et les coups devraient être des mesures vraiment exceptionnelles, utilisées seulement lorsqu'il n'existe aucun autre moyen de faire comprendre à l'enfant la gravité de ses transgressions ou des dangers auxquels il s'expose.

Malheureusement, le plus souvent, les tapes et les coups servent d'exutoire à la colère, au dépit ou aux frustrations des parents. Ces derniers répètent, sans s'en rendre compte, les comportements et les erreurs de leurs propres parents. Pour peu qu'ils réfléchissent un moment, les parents découvrent facilement des solutions alternatives aux punitions corporelles.

Lorsque l'approbation, l'attention et les récompenses données à l'enfant pour ses comportements désirables ne suffisent pas pour lui enseigner à bien se comporter, nous pouvons le punir pour ses comportements indésirables en l'isolant dans une pièce ou dans un coin pour quelques minutes, ou encore, en lui retirant un privilège pour une brève période de temps.

L'isolement consiste à envoyer l'enfant dans sa chambre, dans la salle de bains, dans un coin ou dans un autre endroit « plate » * pour le priver de notre attention et de notre présence.

Le retrait de privilèges consiste à lui enlever un privilège ou une faveur qu'on lui fait habituellement, comme une émission de T.V., une heure de bicyclette, une heure de jeux dehors, une sortie intéressante, un spectacle, un film au cinéma, l'assistance à une partie de hockey ou de baseball, etc.

---

* Un endroit où il n'y a ni radio, ni télévision, ni livres, ni jouets, ni d'autres objets qui puissent désennuyer l'enfant.

LE RETRAIT DE PRIVILÈGES N'EST PAS UN RETRAIT DE DROITS ACQUIS

Les parents doivent éviter de retirer aux enfants des encouragements matériels que ceux-ci ont déjà gagnés par des comportements désirables, des efforts et du travail. Ils doivent également éviter de retirer les récompenses qu'ils ont promises sans condition. De tels actes sont injustes et ne provoquent que déception et colère chez les enfants.

Les enfants doivent connaître à l'avance ce que leurs parents considèrent habituellement comme des privilèges et savoir que ces avantages spéciaux peuvent leur être retirés temporairement lors de comportements franchement indésirables. Il appartient aux parents de définir ces privilèges.

Des règles aussi claires visent à éviter les menaces, les déceptions, de même que le marchandage continuel au sujet des privilèges. Elles éliminent bien des insécurités tant chez le parent que chez l'enfant.

QUAND NOUS ENLEVONS UN PRIVILÈGE, NOUS DEVONS EXPLIQUER EN DÉTAIL LES RAISONS DE NOTRE GESTE

Il faut dire clairement à l'enfant pourquoi nous lui enlevons un privilège.

Exemple :

— « *Pas de télévision avant le souper parce que tu n'es pas arrivé à l'heure convenue.* »

Par ailleurs, il faut dire clairement à l'enfant pourquoi nous lui faisons un privilège.

Exemple :

— « *Puisque tu as déjà fini de pelleter la neige dans l'entrée du garage, je te paie le film que tu dois aller voir cet après-midi.* »

De plus, le retrait de privilèges doit être de courte durée. Sinon, il sera inefficace et source de rancœur.

Exemples :

— *On prive l'enfant de sa bicyclette pour une heure ou un soir, non pour toute la semaine ou la saison.*
— *On lui enlève une émission de télévision ou un soir de télévision, et non pas une semaine ou un mois.*

POUR ÊTRE EFFICACE, ET SANS DANGER, L'ISOLEMENT * DOIT ÊTRE BREF

Une période initiale de 3 à 5 minutes d'isolement est généralement suffisante.

Il faut corriger **un** comportement à la fois. L'isolement utilisé à propos de tout et de rien devient inefficace. De plus, pour être pleinement efficace, l'isolement doit suivre **immédiatement** le comportement que nous voulons corriger.

Lorsque l'isolement est d'une durée trop longue, l'enfant peut avoir le temps de penser et de s'occuper à autre chose ; alors l'isolement devient inefficace. L'isolement trop long risque aussi de produire chez l'enfant de la haine et de la tristesse.

De plus, certaines recherches suggèrent que l'isolement, quand il est trop long, peut faire disparaître ou supprimer des comportements désirables (en même temps que les comportements indésirables qui sont visés).

* L'endroit où l'enfant est isolé doit être ennuyant. Pas de radio, de télévision, de livres ou jouets qui puissent le désennuyer.
La salle de bains peut servir de lieu d'isolement, si l'on prend soin d'y enlever les objets dangereux et les objets distrayants. On peut aussi asseoir l'enfant dans un coin de la cuisine ou du salon (le visage tourné vers le mur).
Cependant, il ne faut jamais isoler l'enfant dans un endroit noir comme une garde-robe ou un placard.

IL Y A ISOLEMENT ET ISOLEMENT...

L'isolement dont nous parlons dans ce chapitre est une mesure disciplinaire de très courte durée (de trois à dix minutes). Il ne doit pas être confondu avec l'isolement total pendant des heures ou des jours, ni avec l'isolement moral qui consiste à ignorer complètement pendant des jours la présence d'un enfant ou d'un adolescent.

Nous savons que certains parents, lorsqu'ils sont à bout, et par ignorance, appliquent de telles mesures de torture morale. Une pratique punitive fort répandue consiste à décréter que l'enfant ira dans sa chambre pour toute une fin de semaine, ou encore tous les soirs après l'école pendant une semaine ou plus. Le résultat est généralement tragique: l'enfant devient nerveux, agressif et incontrôlable. Quand il n'agresse pas ouvertement ses parents par des paroles hostiles ou des actes de vengeance, il agresse ses frères et soeurs, les enfants du voisinage ou ses camarades d'école. Dans certains cas, l'enfant tourne son agressivité contre lui-même et sombre dans la tristesse ou le désespoir.

IL N'EST PAS TOUJOURS NÉCESSAIRE D'UTILISER LA FORCE PHYSIQUE

Lorsque l'enfant refuse d'entrer dans la chambre d'isolement, ou s'il en sort sans autorisation, le parent peut lui dire que pour chaque minute de retard à entrer, il aura une minute d'isolement supplémentaire. Au fur et à mesure que les minutes passent, le parent dit calmement : 3 minutes, 7 minutes, 10 minutes. Lorsque l'enfant a accumulé un total de 10 minutes, le parent l'avise qu'il aura à faire ce 10 minutes d'isolement avant le prochain repas.

Passé l'heure du repas, l'enfant aura droit, s'il le désire, à un morceau de fromage, à un verre de lait ou à un fruit, mais seulement après la période d'isolement.

Si l'enfant fait un dégât volontaire pendant qu'il est isolé, le parent lui fait réparer le dégât avant de lui permettre de sortir du lieu d'isolement. S'il s'agit d'objets détruits, le parent lui fait payer ces objets avec son argent ou par du travail.

ISOLER UN ENFANT, C'EST LE PRIVER DE NOTRE ATTENTION ET DE NOTRE PRÉSENCE *

Il faut éviter de parler avec l'enfant pendant la période d'isolement, sauf pour ajouter des minutes d'isolement supplémentaires. Si l'enfant ouvre la porte ou frappe à coup de pied dans la porte, il faut alors dire: 1 minute de plus pour avoir ouvert la porte; 2 minutes de plus, etc... **sans discuter.** Les autres personnes de la famille doivent être empêchées de parler avec l'enfant qui est isolé ou d'aller le voir.

* **Note: L'isolement n'est efficace et recommandable que pour les enfants de deux à dix ans. Après cet âge, l'isolement n'est plus recommandé. Il faut alors utiliser des retraits de privilèges. Ex: Enlever une sortie un soir, ou priver l'enfant d'utiliser sa bicyclette pour un soir.**

DANS CERTAINES CIRCONSTANCES, L'ISOLEMENT FOURNIT À L'ENFANT UN TEMPS ET UN LIEU POUR REPRENDRE SON PROPRE CONTRÔLE

Exemples:

— *Gilles, 3 ans, est en colère et ne peut se contenir. Il crie et s'attaque à tout ce qu'il trouve sur son passage. La mère intervient: "Va faire ta crise dans ta chambre. Tu en sortiras quand tu te seras complètement calmé!"*

— *La maison est pleine d'invités. En faisant leurs derniers préparatifs, les parents ont négligé de donner assez d'attention à Johanne, leur petite fille de 4 ans. Pour dire vrai, ils l'ont même frustrée à plusieurs reprises en lui faisant des défenses et en montrant beaucoup d'impatience à son égard. Quand la parenté est arrivée, personne n'a donné d'attention à Johanne, tous étant préoccupés d'admirer le nouveau bébé. Alors, Johanne décide de se venger; elle commence à faire du bruit avec sa bouche, un bruit monotone et exaspérant. Le père intervient d'abord discrètement auprès de Johanne pour reconnaître que ce qui venait de se passer était injuste pour elle et pour lui demander de cesser de faire du bruit avec sa bouche. Johanne continue de plus belle. Le père l'envoie dans sa chambre: "Va te calmer dans ta chambre. Quand tu auras fini, tu reviendras avec nous!"*

L'ISOLEMENT ET LE RETRAIT DE PRIVILÈGES NE SONT JUSTIFIABLES QUE POUR DES MOTIFS SÉRIEUX

Ces mesures punitives ne sont pas applicables à propos de tout et de rien, ni à l'occasion d'une première erreur ou bévue d'un enfant. Elles ne sont utiles et justifiables que dans certaines occasions :

1. Pour corriger des actions répétées qui sont vraiment dangereuses physiquement ou moralement.

Exemples :

— *L'enfant d'âge scolaire qui continue de frapper des enfants plus jeunes, après avoir été désapprouvé pour ces gestes.*

— *L'enfant qui fait de petits vols à la maison, à l'école ou dans le voisinage.*

2. Pour corriger des infractions répétées à une règle familiale raisonnable.

Exemples :

— *L'enfant qui entre trop souvent en retard sur l'heure fixée par ses parents.*

— *L'enfant qui prend sans autorisation ou qui détériore volontairement des objets appartenant à d'autres membres de la famille.*

— *L'enfant qui, malgré nos enseignements, continue de dire aux autres des paroles blessantes.*

L'ISOLEMENT ET LE RETRAIT DE PRIVILÈGES PEUVENT TEMPORAIREMENT FAIRE DIMINUER LE NOMBRE DES COMPORTEMENTS INDÉSIRABLES, MAIS CES MESURES SONT INSUFFISANTES POUR APPRENDRE À UN ENFANT À BIEN SE COMPORTER

Il faut insister sur le fait qu'on ne peut enseigner des comportements désirables aux enfants **uniquement** par des mesures d'isolement et de retrait de privilèges. Tout au plus, ces mesures peuvent diminuer la fréquence des comportements indésirables.

L'isolement et le retrait de privilèges ont aussi, parfois, comme inconvénient d'enseigner à l'enfant à faire ses mauvais coups en cachette. C'est pourquoi, ils ne sont utilisables qu'en tout dernier ressort.

Avant d'appliquer ces mesures punitives, les parents doivent avoir tenté sérieusement de solutionner les problèmes que présentent les enfants par des instructions appropriées et par la mise en vigueur d'un programme d'encouragements *.

Lorsque ce programme ne fonctionne pas et que les parents optent pour l'utilisation de l'isolement ou du retrait de privilège, ils doivent quand même, parallèlement, encourager les comportements désirables de l'enfant. Par exemple, s'ils décident de faire diminuer la fréquence des crises de colère de leur fils en utilisant l'isolement, ils devront, en même temps, faire un plan pour encourager celui-ci (par des approbations, des points, des étoiles ou des récompenses matérielles) lorsqu'il garde son contrôle, s'amuse, travaille ou agit paisiblement, seul ou avec d'autres enfants.

* **Pour des exemples de programmes d'encouragements, voir les pages 95, 96, 97, 98.**

UN PROGRAMME D'ENCOURAGEMENTS À LA POLITESSE

Des parents veulent enseigner la politesse à leur fille de 6 ans, Josée, qui est très impolie.

Ils ont noté que, récemment, Josée a demandé d'avoir plus de vêtements pour ses poupées.

En accord avec son mari, la mère de Josée propose à celle-ci de lui confectionner un vêtement de son choix pour ses poupées chaque fois que celle-ci aura gagné 20 points pour avoir été polie. Josée accepte avec empressement.

La mère prépare pour Josée une feuille comportant 20 carreaux, feuille qu'elle place bien en vue dans la cuisine.

Chaque fois que Josée est polie, ses parents la **félicitent** et ils inscrivent immédiatement un X dans un carreau. Ils peuvent aussi demander à Josée d'aller inscrire son point.

Lorsque tous les carreaux sont remplis, Josée reçoit le vêtement promis.

Quand Josée est impolie, les parents ne passent aucune remarque ni critique ; mais ils ignorent Josée en refusant de la regarder et de lui parler pendant deux minutes *.

Surtout, les parents donnent le bon exemple en étant polis entre eux et avec Josée.

Quand Josée aura bien acquis l'habitude de la politesse, les parents pourront cesser ce système de points et de récompenses matérielles, mais ils continueront de féliciter Josée, de temps en temps, pour ses comportements polis.

* **Cette privation d'attention lors d'un comportement indésirable (ex : impolitesse), combinée à un programme d'encouragements d'un comportement désirable incompatible (politesse), suffit généralement à faire diminuer ce comportement indésirable (impolitesse). Dans le cas contraire, les parents peuvent remplacer la privation d'attention par quelques minutes d'isolement, tout en conservant leur programme d'encouragements.**

LE MÉNAGE DU SAMEDI

Louise, 12 ans, déteste particulièrement faire le ménage de sa chambre, le samedi matin. Certes, elle finit par exécuter les tâches commandées, mais péniblement, en maugréant et en lambinant. La qualité de son travail laisse souvent à désirer.

Après s'être consultés, les parents proposent à leur fille une augmentation de son allocation hebdomadaire, augmentation qui sera en rapport avec son travail du samedi matin. Une partie de cette augmentation sera allouée pour la qualité de son travail, une autre pour la rapidité d'exécution et une autre pour le contrôle de son humeur au travail.

Louise accepte cette proposition avec empressement * parce qu'elle adore gagner de l'argent de poche. Elle et ses parents concluent rapidement une entente sur la nature des tâches à exécuter, les normes de qualité exigées, la durée maximale d'exécution et le sens à donner à l'expression « contrôle de son humeur ».

Chaque samedi, lorsque Louise termine ses tâches, ses parents la remercient pour son travail, la félicitent pour ses progrès et lui remettent *immédiatement* l'argent qu'elle a gagné, en s'en tenant scrupuleusement aux termes de leur entente.

À l'occasion, pendant que Louise fait son ménage, ses parents lui dispensent de l'attention positive et des encouragements verbaux. Lorsque Louise ne respecte pas les normes de qualité qui ont été convenues, les parents explicitent leurs exigences de façon positive ; ils évitent surtout les critiques négatives et décourageantes.

---

* **Pour être efficace, tout encouragement matériel doit être très désirable aux yeux de l'enfant. Sinon, il n'a pas d'effet.**

UN PROBLÈME DE COUCHER ; ET UNE MÈRE ASTUCIEUSE

Jonathan a 7 ans. Depuis quelques semaines, il ne s'oppose plus à aller au lit. Auparavant, il lambinait et faisait tout en son pouvoir pour retarder l'heure du coucher, et cela même lorsqu'il tombait de fatigue.

Connaissant la passion de son fils pour se faire raconter des histoires, la mère imagina de le mettre au défi. En effet, jusqu'à l'âge de 8-9 ans, les enfants adorent les défis.

La mère proposa donc à son fils de lui raconter une histoire s'il parvenait à brosser ses dents, à vêtir son pyjama et à se glisser sous les couvertures en moins de six minutes.

Chaque soir, à l'heure du coucher, la mère demandait à Jonathan d'actionner la minuterie. Ce dernier se prêtait volontiers à ce jeu. «Rappelle-toi, si tu es prêt à temps, tu auras une histoire!» disait la mère*. Pour rendre le défi encore plus alléchant, elle poursuivait : «Il te reste encore 4 minutes... 2 minutes... 1 minute».

Lorsque Jonathan gagnait son défi, sa mère le félicitait pour sa rapidité d'exécution, et elle lui racontait une histoire. S'il lui arrivait d'échouer, sa mère reconnaissait qu'il avait fait des efforts et que, sûrement, il pourrait gagner une histoire le lendemain soir, en se dépêchant un peu plus.

> * Notez que la mère prenait soin de garder le défi *positif*. Elle ne disait pas : «Si tu n'es pas prêt à temps, tu n'auras pas d'histoire», mais plutôt : «Si tu es prêt à temps, tu auras une histoire!»

UN TRAVAIL DE MATHÉMATIQUES; ET UN PÈRE INGÉNIEUX

Claude a dix soustractions à faire pour devoir. Généralement, il prendrait deux heures pour faire ce travail et il accaparerait le temps, l'attention et les réserves nerveuses de ses parents pendant toute cette période. Ce soir, son père lui propose d'aller avec lui au restaurant prendre un chocolat, si, dans une heure, il a terminé ses soustractions sans aide et obtient au moins sept bonnes réponses sur dix. Le père s'engage à faire l'évaluation de ce devoir une seule fois, quinze minutes avant la fin de la période prévue, pour lui indiquer quelles sont les réponses incorrectes (mais sans lui donner les bonnes réponses) et lui donner l'occasion de faire des corrections.

Si Claude réussit, le père le félicite et l'amène prendre un chocolat au restaurant. Si Claude échoue*, le père le félicite quand même pour ses efforts et lui promet de lui suggérer un autre défi le lendemain soir.

---

* Si Claude a manqué d'entrain au travail, le père devra diminuer ses exigences en divisant le travail à faire en plus petites parties et en encourageant Claude après chaque petite partie du travail accompli. Par exemple, il demandera à Claude de faire corriger son travail à tous les deux problèmes et, pour chaque réussite, il le félicitera et lui dira: "Tu as déjà cinq cents, dix cents, vingt cents... pour ton chocolat".

L'ABUS DE LA PUNITION, SOUS TOUTES SES FORMES *, COMPORTE UNE MENACE SÉRIEUSE POUR LA SANTÉ ET LE DÉVELOPPEMENT DE L'ENFANT

L'abus de la punition cause une nervosité excessive. L'enfant fréquemment critiqué, battu, blâmé, puni avec sévérité, menacé de rejet et de blessures physiques, est en état d'alerte constante. Il est sur le « qui-vive », constamment « aux aguets », dans l'attente d'une punition éventuelle. Il ne sait ni quand ni pourquoi il sera puni. Il ne sait pas non plus comment il peut éviter les punitions.

Tôt ou tard, ces abus de punitions peuvent développer des peurs et des craintes nombreuses, une grande insécurité et, parfois même, contribuer à l'éclosion de certaines maladies.

Certains abus peuvent supprimer en une fois toute une catégorie de comportements. Par exemple, un enfant qui, pour un simple mot grossier ou un écart de langage, reçoit une bonne volée accompagnée de cris et d'insultes va, bien sûr, se la fermer pour un bon moment. Il est possible aussi, surtout si la chose se reproduit, qu'il perde à peu près complètement le goût de parler.

De même, un enfant qui reçoit une bonne volée parce qu'il fouille dans les armoires peut cesser de fouiller non seulement dans les armoires... Sa curiosité naturelle peut s'éteindre presque complètement ; il peut cesser toute activité exploratrice et se replier complètement sur lui-même.

---

* Les mots « punitions » et « mesures punitives » signifient ici, non seulement les punitions corporelles, mais aussi le retrait de privilèges, l'isolement, les menaces, les paroles rejetantes, les critiques, les blâmes, les désapprobations pleines de colère, l'utilisation du ridicule, les humiliations, les insultes et les adjectifs dévalorisants.

CERTAINES PUNITIONS SONT DES PIÈGES, EN CE SENS QU'ELLES CONTAMINENT DES ACTIVITÉS FORT DÉSIRABLES ET PARFOIS ESSENTIELLES AU DÉVELOPPEMENT DE L'ENFANT

Ainsi, par exemple, l'enfant qu'on punit sévèrement en lui faisant copier deux cents fois une même phrase peut se mettre à haïr les activités scolaires.

L'enfant qu'on punit régulièrement en l'envoyant se coucher va commencer à haïr se mettre au lit, le soir, ou faire la sieste l'après-midi.

L'enfant qu'on insulte régulièrement avec des phrases comme « Va laver tes mains, cochon ! » ou « Si tu prenais ton bain aussi, tu sentirais moins puant ! » peut commencer à trouver pénible de se laver ou de prendre son bain.

L'ABUS DE LA PUNITION, SOUS TOUTES SES FORMES, PEUT CONDUIRE L'ENFANT À PRENDRE L'HABITUDE DE MENTIR ET DE MAL SE COMPORTER EN CACHETTE

L'enfant qui a peur des punitions abusives apprend souvent à mentir pour éviter d'être puni. Très souvent, aussi, il continue de mal agir, mais en cachette.

Il s'ensuit un cercle vicieux et une escalade. L'enfant ment; ses parents le surprennent à mentir et ils le punissent; l'enfant ment davantage et se cache pour mal agir; les parents le surveillent davantage et le punissent davantage lorsqu'ils le surprennent à mal faire; l'enfant se cache de mieux en mieux, ment de plus en plus et se comporte de plus en plus mal.

EN PUNISSANT, NOUS APPRENONS AUX ENFANTS À PUNIR

Sans s'en rendre compte, les parents servent de modèles pour leurs enfants. L'enfant imite naturellement ses parents. Quand ceux-ci emploient une méthode d'éducation positive, l'enfant apprend à utiliser des moyens positifs envers les autres, y compris envers ses parents.

Par contre, s'il a des parents punisseurs, il devient à l'égard des autres, y compris à l'égard de ses parents, un enfant punisseur. Il apprend, lui aussi, à utiliser les cris, les colères, les injures, les humiliations, les menaces, les paroles rejetantes, les blâmes et les coups pour obtenir ce qu'il désire ou pour se venger des frustrations qu'il subit. Il apprend à traiter les autres comme il est traité lui-même. Enfin, il risque aussi d'apprendre à se traiter lui-même de la même façon que ses parents le traitent, c'est-à-dire en se critiquant, en se dévalorisant et en se punissant lui-même.

L'ABUS DES MESURES PUNITIVES PEUT CONDUIRE L'ENFANT AU DÉCOURAGEMENT, À L'ENNUI ET À L'OISIVETÉ

Les méthodes positives encouragent l'enfant dans tout ce qu'il entreprend. L'enfant devient alors entreprenant et inventif; il fait les choses par plaisir et presque sans effort. Il aime le travail et les loisirs. Le temps lui manque pour accomplir ses nombreux projets et entreprises de toutes sortes.

Les méthodes punitives, elles, on un effet direct sur le "moral" de l'enfant. Elles découragent l'enfant qui cesse alors toute activité d'exploration, de travail ou de loisir. Un tel enfant est souvent voué à l'ennui et à l'oisiveté.

Il est bien connu, par exemple, que l'absence d'encouragements suffisamment nombreux de la part du système scolaire, et l'abus de mesures punitives dans la classe conduisent un grand nombre d'enfants à abandonner l'école ou à cesser d'y être productifs.

On peut également conclure que l'absence d'encouragements à la maison et l'abus des mesures punitives éloignent les enfants de leurs parents et les mènent souvent au découragement, à l'ennui et à l'oisiveté.

PRENONS GARDE DE NE PAS SABOTER NOUS-MÊMES NOTRE AUTORITÉ

Moins nous faisons de défenses, plus nous avons de chances d'être obéis. Il faut s'en tenir à l'essentiel.

En faisant des défenses trop nombreuses et mal à propos, nous faisons en sorte que nos enfants désobéissent trop souvent. Nous sabotons notre autorité nous-mêmes.

Il faut éviter les défenses inutiles et les remarques empoisonnantes, telles :

Exemples :

— « *Arrête-toi de sautiller.* »
— « *Assis-toi comme il faut.* »
— « *Sers-toi donc de tes deux mains.* »
— « *Sers-toi donc de ton couteau et de ta fourchette.* »
— « *Parle pas en mangeant.* »

— « *Tiens-toi tranquille.* »
— « *Arrête donc de bouger comme ça.* »
— « *Marche sur tes deux pieds.* »
— « *Tiens-toi droit.* »
— « *Mâche pas la bouche ouverte.* »

La répétition des demandes, des avertissements et des défenses produit habituellement l'effet contraire à celui désiré.

Plus les parents disent et redisent « assis-toi », « reste tranquille », « mange donc », « dépêche-toi », « arrête ça », « c'est assez », « ne fais pas ça », plus l'enfant se lève, s'agite, refuse de manger, lambine et désobéit.

L'attention que lui dispensent ses parents en répétant, l'encourage à s'opposer passivement, à refuser de collaborer, à s'agiter et à désobéir.

LES PARENTS QUI SOUHAITENT FOURNIR À LEUR JEUNE ENFANT LES MEILLEURES POSSIBILITÉS DE SE DÉVELOPPER, DOIVENT MONTRER UNE GRANDE TOLÉRANCE

Le jeune enfant doit avoir l'occasion et l'autorisation de fouiller, déchirer du papier, se salir avec de la terre, jouer dans l'eau, grimper, crier, courir, sauter, culbuter, faire du bruit. Il ne faut lui défendre que les choses dangereuses, vraiment répréhensibles ou très incommodantes.

Pour lui, tous les objets de son environnement constituent des motifs de curiosité et offrent des possibilités d'exploration et de jeux passionnants. Tentures, meubles, lingerie, vêtements, papier, plantes, bibelots, casseroles, boîtes et autres articles ménagers peuvent être objets de sa convoitise. Face à trop d'interdictions, un enfant normal ne peut faire autrement que de passer outre à certaines défenses*. Les parents peuvent se méprendre sur les intentions de leur enfant. Ils peuvent croire que leur enfant agit dans le but de leur désobéir, alors que ce dernier poursuit des buts tout à fait différents, légitimes et appropriés à son âge.

Par exemple, le jeune enfant qui utilise les coussins du divan pour se construire un abri ou pour jouer ''à disparaître'', se cache derrière un meuble ou dans les draperies, fouille dans les armoires, prend des glissades ou fait des roulades sur le plancher, ou saute une marche d'escalier, ne devrait pas être qualifié de désobéissant.

* Nous ne prétendons pas que les parents doivent tout permettre, laisser tout briser et céder aux demandes déraisonnables des enfants. Bien au contraire; cependant, les interdictions devraient être limitées aux comportements qui sont vraiment dangereux, trop coûteux ou fort embêtants.

L'ENFANT A BESOIN D'UN TERRITOIRE BIEN À LUI

Certains parents surprotecteurs et trop autoritaires ont tendance à envahir complètement la vie de leur enfant. Ils le surveillent, le suivent partout, sont constamment sur son dos pour lui dire quoi faire ou pour le faire à sa place, pour lui défendre ceci ou cela, pour le désapprouver, le conseiller, lui imposer leur façon de voir et d'agir.

L'enfant commence à peine à balbutier quelques syllabes qu'ils s'empressent de corriger son langage et de le faire répéter «correctement», lui faisant ressentir déjà un sentiment d'incompétence *.

Il commence à peine à tenir sa cuillère ou son verre qu'ils lui commandent de manger proprement, lui disent de faire attention ou le blâment parce qu'il renverse un breuvage ou des aliments.

Les parents l'habillent et le déshabillent, au lieu de lui permettre de le faire lui-même à son rythme ; lorsque l'enfant commence à marcher, les parents le tirent par la main pour le faire marcher à toute vitesse ; lorsqu'il veut se verser du lait ou se préparer des aliments, les parents l'arrêtent et le font à sa place ; lorsqu'il veut faire un collage, un découpage, un jeu ou une construction, les parents s'empressent d'aller lui «aider» et lui «montrer comment faire». L'enfant n'a pas droit aux essais ni aux erreurs.

---

* **Hâter un enfant à répéter des mots pour corriger ses hésitations et ses défauts de prononciation, peut causer le bégaiement.**

Lorsque les parents interviennent dans presque toutes les activités de l'enfant pour critiquer sa façon de faire, ou s'immiscent dans son travail, ses jeux, ses constructions ou ses créations pour lui montrer comment faire, lui faire des suggestions, l'aider ou le prévenir contre d'éventuelles erreurs *, l'enfant en déduit que ce qu'il fait n'est pas correct et n'a pas de valeur. Il éprouve le sentiment d'être stupide, malhabile et incompétent.

Les sentiments d'incompétence, d'impuissance et d'incapacité qui ont ainsi été inculqués en lui, en feront éventuellement un être aux tendances dépressives, une personne manquant de confiance et de motivation, une personne privée des satisfactions et des plaisirs résultant normalement de ses activités et de ses réalisations.

Les parents avisés n'envahissent pas ainsi le territoire de leur enfant. Pour tout ce que l'enfant peut accomplir, ils le laissent agir par lui-même. Ils acceptent que l'enfant hésite, soit indécis, maladroit, que ses réalisations soient imparfaites. Lorsqu'ils sont tentés d'intervenir, de le conseiller et d'agir à sa place, ils s'abstiennent, lui font confiance, le laissent se débrouiller tout seul et expérimenter, puis l'encouragent de temps en temps pour ses progrès, ses réalisations et ses succès.

* Les parents peuvent cependant offrir à l'enfant de l'aider et de le conseiller, en lui laissant savoir qu'ils sont disponibles s'il a besoin d'eux.

Chapitre VI

L'ADOLESCENCE ET L'AUTORITÉ PARENTALE

L'ADOLESCENCE, C'EST L'ACCESSION GRADUELLE VERS LA MATURITÉ PHYSIQUE, SEXUELLE, INTELLECTUELLE, ÉMOTIVE ET SOCIALE

Arbitrairement, on fait coïncider l'adolescence avec la période de croissance allant de onze à dix-huit ans. L'adolescent rejoint graduellement la grandeur physique de ses parents et souvent la dépasse. Ses capacités intellectuelles progressent rapidement pour atteindre le niveau de celles des parents.

Grâce au groupe d'amis, l'adolescent apprend à frayer avec les autres, à se faire accepter et à collaborer avec eux.

Ses nouvelles capacités émotives lui permettent de se mettre plus facilement à la place des autres, d'être sensible aux effets de ses comportements sur les autres et, partant, de mieux comprendre le pourquoi des règles morales.

L'adolescent devient de plus en plus capable de démêler le vrai du faux, le bien du mal, et de faire des choix éclairés concernant ses conduites. Il recherche un sens et des buts à sa vie. Il se pose un tas de questions sur la religion, l'athéisme, l'amour, la souffrance, la mort, l'amitié, la sexualité, le mariage, le divorce, la contraception, l'avortement, le plaisir, le travail, la drogue, etc. Il cherche des réponses pour être en mesure de mieux diriger sa vie. Il ressent un grand besoin de discuter de toutes ces questions avec ses parents, même s'il n'ose pas toujours leur en parler ouvertement.

L'ADOLESCENT RECHERCHE L'ÉGALITÉ ET L'INDÉPENDANCE

Vers l'âge de 12-13 ans, l'adolescent se rend compte de son entrée prochaine dans le monde des grands, et il souhaite être traité en conséquence. Il s'attend alors au même respect et aux mêmes égards que ses parents accordent aux personnes adultes de son entourage.

Son désir d'indépendance s'accentue. C'est pourquoi, il se cabre lorsque les personnes en autorité lui manquent de respect. Dès cet âge, il réclame la liberté de prendre certaines décisions et demande qu'on lui fasse de plus en plus confiance.

L'adolescent n'étant plus un enfant, ses parents ne peuvent plus avoir à son égard les mêmes attitudes. Le parent doit parvenir à converser avec son adolescent et à agir avec lui en étant aussi respectueux qu'avec un adulte, un égal ou un ami. Mais un parent reste toujours un parent. Dans ce sens, il n'est jamais pour son fils ou sa fille, un égal ou un ami.

Lorsque l'adolescent a besoin d'être protégé de dangers physiques ou moraux, d'apprendre à respecter autrui, ou encore d'être forcé d'assumer ses responsabilités, le parent ne peut se défiler en troquant son rôle de parent contre celui d'un égal ou d'un ami permissif et impuissant.

L'adolescent a des camarades et il peut se faire des amis, mais ces derniers ne peuvent remplacer ses parents pour le protéger et le diriger.

EXPLIQUER LE POURQUOI DE LEURS DÉCISIONS

Les adolescents, à cause de leurs nouvelles capacités intellectuelles, veulent comprendre le pourquoi des règlements familiaux, des décisions, des défenses et des restrictions édictées par les parents. Ils souhaitent aussi participer le plus possible aux décisions qui les concernent.

Les ordres et les défenses autoritaires des parents leur répugnent, souvent les révoltent ou les attristent.

Lorsque les parents font confiance à l'intelligence de leurs adolescents et expliquent leurs décisions*, ceux-ci sont, par la suite, plus capables d'affirmer leurs idées et d'exprimer leurs opinions personnelles avec confiance; ils sont davantage capables de prendre des décisions d'une manière indépendante.

Par contre, les adolescents de parents autoritaires montrent moins de confiance et d'indépendance dans l'expression de leurs opinions et leurs décisions.

> * **Il s'agit d'explications sur leurs décisions, et non de justifications hésitantes et interminables. Les adolescents doivent sentir que leurs parents gardent le contrôle des décisions qui relèvent de leur autorité.**

LUI PERMETTRE D'EXPRIMER SON POINT DE VUE ET MONTRER DE LA COMPRÉHENSION À SES OPINIONS ET À SES SENTIMENTS

Pour se sentir une personne valable, l'adolescent a besoin d'être traité comme une personne intelligente. S'il peut faire valoir ses opinions et avoir le sentiment d'être compris, il sera plus enclin à écouter l'opinion de ses parents et, partant, à en comprendre les raisons.

L'adolescent et ses parents peuvent fort bien rester en désaccord sur un sujet donné ou sur une décision prise. L'important, c'est qu'il existe une compréhension et un respect mutuels de leurs sentiments, de leurs opinions et de leurs positions respectives.

Mais ce n'est pas parce qu'il y a désaccord que les parents doivent se sentir obligés de changer leur décision. L'adolescent doit alors respecter cette décision, et les parents faire en sorte qu'elle soit respectée.

LA TOLÉRANCE ENSEIGNE LA TOLÉRANCE

Dans la vie, il y a beaucoup de questions et de sujets litigieux sur lesquels personne ne peut se vanter de posséder à lui seul toute la vérité. Croyances religieuses, comportements religieux, opinions morales sur les comportements sexuels, contraception ou avortement, idées politiques, économiques ou sociales, questions touchant l'éducation ou la santé: tous ces sujets et bien d'autres peuvent donner lieu à des points de vue qui, tout en étant tout à fait opposés, sont parfaitement défendables de part et d'autre.

Ce sont là des occasions en or pour les parents de montrer du respect et de la tolérance pour les opinions de leurs adolescents.

Les parents peuvent, bien sûr, faire valoir leurs opinions et le poids de leur expérience; ils ne doivent pas craindre de montrer qu'ils tiennent à leurs opinions et leurs croyances; mais surtout, ils veillent à garder la communication ouverte avec leurs adolescents.

LUI PERMETTRE D'ESSAYER SES NOUVELLES CAPACITÉS INTELLECTUELLES ET ÉMOTIVES

Être tolérant envers l'adolescent, c'est permettre qu'il essaie de formuler ses idées et ses émotions; c'est aussi accepter qu'il se trompe et fasse des erreurs.

L'adolescence est une période d'hésitations, d'indécisions, de tâtonnements, d'expérimentations et de maladresses. L'adolescent a de la difficulté à "se brancher" et c'est normal. Il a de la difficulté à se faire un jugement définitif. Tantôt il dit une chose, bientôt il affirmera le contraire aussi catégoriquement. Il exerce ainsi ses facultés intellectuelles; il se pratique et c'est normal. Il faut éviter de le contredire constamment et de toujours vouloir lui démontrer qu'il se trompe.

L'adolescent déborde de sensibilité et d'émotivité. Son humeur est changeante et cyclique. Par périodes, l'adolescent est plus généreux, plus expansif, plus enthousiaste, plein d'humour et d'entrain. Par d'autres, il peut être pensif, replié sur lui-même, égocentrique, triste, malheureux, pessimiste, extrêmement sensible, vulnérable et facile à blesser. Pendant plusieurs semaines ou plusieurs mois, il peut se montrer jaloux, discuteur, contrariant, impoli, impatient et coléreux. À un autre cycle, il est gai, amical et positif. Ainsi, il expérimente toute la gamme des émotions.

La même constatation vaut pour l'exercice de ses habiletés manuelles et de ses comportements moraux. L'adolescent essaie et expérimente: il se trompe, fait des erreurs et parfois des gâchis. C'est le propre de l'adolescence.

Si l'adolescent a besoin d'être protégé et contrôlé par ses parents à l'occasion, il a aussi besoin que ses parents lui fassent confiance. Surtout, il apprécie que ses parents lui pardonnent* ses erreurs et ses bévues.

---

* **Pardonner n'est pas synonyme d'ignorer. Les parents ne doivent pas craindre de désapprouver *fermement* ses comportements indésirables et, quand c'est encore possible, de lui faire réparer ses erreurs.**

UNE DES CARACTÉRISTIQUES DE L'ADOLESCENCE, C'EST UNE CERTAINE OPPOSITION À L'AUTORITÉ

L'opposition à l'autorité des parents se manifeste par cycles: une période d'accalmie et de relations harmonieuses succède à chaque période d'opposition. Par exemple, un garçon peut être impoli, coléreux et récalcitrant vers l'âge de onze ans, redevenir tranquille vers douze ans, se remettre à rétorquer et à s'opposer vers treize ans, pour se calmer de nouveau vers quatorze ans.

Le point culminant d'opposition se manifeste généralement vers quinze ans chez le garçon et quatorze ans chez la fille. C'est le moment où les adolescents cherchent à être semblables à leurs amis pour être acceptés d'eux.

Certains adolescents sont plus opposants que d'autres; particulièrement ceux qui se sentent très dépendants de leurs parents risquent de manifester une plus grande opposition à l'autorité des parents et de "jouer les indépendants".

Certains parents plus sensibles que d'autres à l'opposition des adolescents considèrent ces périodes très désagréables, pénibles à vivre.

Néanmoins, les parents devraient considérer ces cycles d'opposition ou de résistance temporaire à leur autorité comme des signes positifs d'une progression vers l'indépendance et l'autonomie, et non comme des actes hostiles de défi. À retenir qu'une opposition occasionnelle à l'autorité est inévitable et nécessaire pour que l'adolescent accède à l'indépendance et l'autonomie.

TOUR À TOUR DÉPENDANT ET INDÉPENDANT

Au gré des circonstances et de son humeur, l'adolescent passe d'un état à un autre. Un jour, il est raisonnable et se comporte en adulte; un autre, il se comporte comme un enfant. Une semaine, il adopte une attitude distante et semble se suffire à lui-même; la semaine suivante, il tourne autour de ses parents et les accapare.

Pendant quelques semaines, il peut refuser obstinément d'accompagner ses parents dans leurs déplacements et s'offusquer que ceux-ci lui offrent de l'amener au magasin, au restaurant, au ciné-parc et en visite chez la parenté; la semaine suivante, il peut se montrer offensé parce que ses parents, s'attendant à un refus de sa part, ont négligé de l'inviter à les accompagner au magasin ou au restaurant.

Le parent avisé ne prend rien pour acquis; il vérifie, au jour le jour, ses hypothèses sur ce que pense et désire son adolescent. Le parent non averti risque de n'y voir que contradictions et de les lui jeter au visage, en le traitant de "bébé".*

> * L'adolescent accorde une telle importance à "l'indépendance" qu'il ne supporte pas d'être traité "d'enfant" ou de "bébé". À ses yeux, ces mots sont des injures.

AVANT DE LEUR PRÊTER DE MAUVAIS DESSEINS ET DE VOUS METTRE EN COLÈRE, CHERCHEZ À CONNAÎTRE QUELS ÉTAIENT LEURS BUTS ET LEURS INTENTIONS PREMIÈRES

Lorsque les adolescents font des erreurs, enfreignent les règles, les interdictions ou les goûts de leurs parents, ces derniers ont tendance à leur prêter de mauvaises intentions. De nombreux parents sautent tout de suite à la conclusion que leurs adolescents agissent ainsi pour défier leur autorité, pour les contrarier ou pour leur créer des difficultés.

Les mobiles réels de leurs actes sont souvent tout à fait différents. Par exemple, Francine rentre plus tard que prévu parce qu'elle a du plaisir avec son groupe d'ami(e)s et qu'elle ne veut pas passer pour une "lâcheuse"; Jean fume un "joint" pour ne pas être rejeté par ses amis; Ginette a des relations sexuelles par crainte de paraître "vieux jeu" ou parce qu'elle est trop timide pour refuser; Nadine se maquille contre le gré de sa mère, simplement pour suivre la mode et être plus populaire auprès des garçons et des filles de son âge; Guy répond sèchement à son père et fait à sa tête, parce qu'il a le sentiment que son père s'immisce indûment dans ses affaires; Robert prend une "brosse" parce que sa blonde l'a lâché; Claire s'engage comme vendeuse itinérante sans consulter ses parents et signe un contrat fort désavantageux pour elle parce qu'elle voulait simplement se faire de l'argent.

En discutant avec l'adolescent de ses mobiles réels et de ses intentions premières, les parents peuvent, si opportun, l'amener à se questionner: "S'est-il respecté en prenant ces décisions? A-t-il été honnête avec lui-même? A-t-il satisfait ses vrais besoins? S'est-il senti heureux?"

CONSULTER L'ADOLESCENT, TENIR COMPTE DE SON POINT DE VUE ET LUI LAISSER PRENDRE CERTAINES DÉCISIONS

Dans une société aussi complexe et aussi diversifiée que la nôtre, apprendre à faire des choix est une nécessité de toute première importance. Aussi, les parents doivent-ils fournir les occasions à leur adolescent de développer et d'exercer cette capacité de faire des choix et de prendre des décisions.

Chaque fois que l'adolescent est concerné par des décisions qui affectent de près sa personne, son environnement ou sa vie, les parents doivent le consulter, prendre en considération son point de vue (tout en tenant compte, bien sûr, du budget familial) et lui laisser prendre seul les décisions qu'il peut prendre.

Voici quelques exemples où il peut faire des choix ou participer activement au processus de décision: achat de vêtements ou d'articles de sport, ameublement et décoration de sa chambre, choix d'un travail d'été, de l'école à fréquenter, des cours à suivre, des activités para-scolaires, de son futur métier ou profession, choix concernant ses loisirs, etc.

L'adolescent qui prend des décisions doit se sentir vraiment appuyé par ses parents, approuvé et encouragé dans sa marche vers une plus grande autonomie.

N'AYEZ PAS PEUR DE DIRE « NON » À CERTAINES DEMANDES, MAIS EXPLIQUEZ LES RAISONS DE VOTRE REFUS

Consulter un adolescent et tenir compte de son point de vue ne signifie pas céder à tous ses désirs. Ce n'est pas, non plus, parce que d'autres parents disent "oui" à certaines demandes que vous êtes obligés de le faire.

L'adolescent qui désire deux pantalons à la dernière mode, une mobilette, faire doubler son montant d'argent de poche ou faire signer ses parents pour obtenir son permis de conducteur, a de bonnes raisons et de bonnes intentions; mais il se peut aussi que les parents, pour des motifs justifiés, ne puissent accéder à ses désirs.

Si les parents refusent, ils doivent en expliquer *brièvement* les raisons, puis exprimer leur compréhension aux désirs de leur adolescent et leur regret de ne pouvoir y acquiescer.

Les parents évitent de s'engager dans un débat contradictoire ou dans une négociation interminable avec l'adolescent. Ce n'est pas en cédant devant les oppositions, les colères ou les demandes menaçantes, ce n'est pas en montrant de la mollesse que les parents peuvent l'aider. Bien au contraire! Quand les parents ont de bonnes raisons de refuser une demande, qu'ils se tiennent debout! C'est de cette stabilité, de cette force et de cette sécurité que l'adolescent a besoin.

L'ABSENCE OU LE MANQUE DE DIALOGUE CAUSE LA MÉFIANCE RÉCIPROQUE

Sans dialogue, impossible de bien se connaître; de bien se comprendre. Sans dialogue, les parents ne peuvent fournir à l'adolescent les informations, les connaissances et les encouragements dont il a besoin pour bien se comporter et éviter les erreurs lourdes de conséquences. Sans dialogue, il est impossible à l'adolescent de faire connaître à ses parents ses points de vue, ses sentiments, ses activités et ses relations avec les autres.

Sans dialogue, c'est la méfiance qui s'installe.

Méfiance des parents qui s'exprime par des défenses et des commandements autoritaires, des suspicions non-fondées, une surveillance excessive et des contrôles provocateurs.

Méfiance des adolescents qui ne s'expriment pas et cachent leurs sentiments, leurs idées et leur conduite.

Parfois, l'absence de dialogue devient extrêmement destructrice puisqu'elle conduit l'adolescent à la dépression, à l'abus de drogues, à la prostitution ou à la délinquance *.

---

* C'est le cas de nombreux adolescents victimes d'abus sexuels. Plusieurs fois, ils ont tenté de se plaindre à un parent des actions indécentes d'un oncle, d'un grand-parent, d'un ami de la famille ou de l'autre parent (père, mère, beau-père). Le parent à qui l'enfant voulait se confier a coupé le dialogue, faisant la sourde oreille ou accusant l'enfant de raconter des histoires.

ALLER VERS L'ADOLESCENT

Depuis ses premiers pas, l'enfant va vers ses parents pour exprimer ses désirs, ses besoins et ses sentiments. Cette habitude de faire devient si ancrée que peu de parents s'attendent à ce qu'elle change un jour.

Au moment de conquérir une certaine indépendance émotive, l'adolescent ne peut plus aller à ses parents exactement comme il le faisait antérieurement.

Plus l'adolescent se sent dépendant de ses parents, plus il refuse généralement d'aller vers eux. Certains adolescents boudent, se renfrognent, s'isolent et coupent la communication pendant de longues périodes. Les parents qui ont pris l'habitude d'attendre que leur "enfant" vienne vers eux, se montrent souvent incapables d'aller vers l'adolescent.

Nous conseillons aux parents d'aller vers l'adolescent et de converser avec lui, même s'il refuse le dialogue. S'il se met en colère, vous envoie promener ou s'enferme dans sa chambre, il faut attendre qu'il se calme, puis renouer le dialogue. En dépit des apparences, c'est ce que votre adolescent souhaite et attend de vous.

Nous vous suggérons aussi d'expliquer à votre adolescent la signification de ses réactions d'isolement, d'opposition ou de fuite (c'est-à-dire son refus de la dépendance), et de l'inviter à venir de nouveau vers vous sur un mode "interdépendant", comme un adulte qui s'adresse à un autre adulte.

INTERDIRE LES INSULTES ET ENSEIGNER LA MANIÈRE CIVILISÉE D'EXPRIMER SA COLÈRE

Les insultes verbales sont des expressions injurieuses dont on qualifie quelqu'un dans le but évident de l'offenser ou de le blesser. Votre adolescent peut vouloir vous insulter quand il vous traite de "niaiseux", de "stupide", de "fou" ou de "maudite vache". Vous vous devez d'intervenir pour interdire ces comportements.

Exemples:
— *"Je ne tolérerai pas que tu me traites de "vache"; dis-moi que tu es fâché contre moi, ou que tu me hais, que tu aurais même envie de me frapper, mais pas d'insultes!"*

— *"Je ne veux plus que tu me traites de "stupide", ni de "niaiseux". C'est trop blessant. Dis-moi plutôt pourquoi tu es fâché contre moi!"*

Après ces interventions, soyez très attentifs aux efforts que fera votre adolescent pour mettre en pratique vos enseignements, et félicitez-le.

S'il ne progresse pas, n'hésitez pas à lui imposer des conséquences (comme l'obligation de s'excuser, la perte d'un privilège ou une autre forme de réparation), à renouveler fermement vos interdictions et à reprendre calmement votre enseignement sur l'expression de la colère.

N'oubliez surtout pas de prêcher par l'exemple. Le parent qui insulte les autres n'est pas en position d'interdire les injures.

NE PAS CONFONDRE LES PAROLES D'OPPOSITION DE L'ADOLESCENT, NI L'EXPRESSION DE SES SENTIMENTS DE COLÈRE, AVEC LES INSULTES

Nombreux sont les parents qui blâment leur adolescent de grave impolitesse et se sentent insultés parce que celui-ci leur a répondu sur un ton un peu sec, leur a dit "non", s'est opposé à une de leurs décisions, s'est mis en colère ou a proféré un juron.

Comme nous l'avons dit précédemment, une certaine opposition de l'adolescent à l'autorité de ses parents est normale et désirable. Il est, en effet, impossible à l'adolescent de parvenir à une plus grande indépendance sans une certaine opposition aux idées de ses parents.

Quant à l'expression des sentiments négatifs, comme la colère et la haine, nous avons également suggéré aux parents d'en permettre l'expression verbale.

GARDEZ-VOUS D'USER DU MÊME LANGAGE QUE VOTRE ADOLESCENT ; GARDEZ-VOUS AUSSI DE LUI RÉPONDRE SUR LE MÊME TON

Quand votre adolescent perd contrôle et vous répond sèchement, vous rétorque, vous dit des paroles grossières ou vous parle sur un ton hostile, gardez-vous de vous mettre en colère. C'est lui l'adolescent, pas vous! *

Restez calme. Gardez votre contrôle. Évitez de menacer et de frapper. Attendez que la tempête se calme. La plupart du temps, l'adolescent aura du remords et s'excusera. Dans le cas contraire, vous aurez tout le temps de revenir sur le sujet et lui rappeler avec déférence qu'il vous doit le respect. Vous pouvez lui faire remarquer que ses paroles étaient trop sèches ou trop dures, ou encore qu'elles vous ont blessé, peiné ou fâché. Vous pouvez aussi l'inciter à se mieux contrôler et lui exprimer votre confiance en lui. Ne vous attendez surtout pas à ce qu'il se contrôle parfaitement. S'il fait des progrès, dites-le lui, encouragez-le.

* Bien sûr, vous êtes "humain", et il peut vous arriver à vous aussi, parfois, de perdre contrôle et de lui dire des paroles blessantes. L'adolescent doit aprendre à accepter cela. Vous aurez cependant à lui présenter vos excuses.

INTERDIRE L'AGRESSION SANS AGRESSER

Lorsque l'adolescent menace de frapper ou frappe ses parents ou ses frères et soeurs, les parents doivent interdire ces agressions sans l'agresser ou même le menacer.*

L'agression ne peut enseigner que l'agression. Si les parents frappent l'adolescent ou menacent de le frapper, ils lui enseignent à frapper. Les punitions trop sévères ou excessives produisent exactement le même résultat: la rébellion et l'agression. De plus, l'adolescent qui est puni trop sévèrement pour ses gestes agressifs à la maison, a tendance à transporter cette agressivité en dehors de la maison. Il attaque alors des enfants, des adolescents, même des adultes étrangers.

Les parents doivent lui interdire d'agresser des camarades ou des étrangers. Certains parents sont très punitifs envers leur adolescent qui les agresse, mais permettent, enseignent, approuvent qu'il assaille les autres.

Lorsque les interdictions verbales des parents ainsi que leurs enseignements ne produisent aucun résultat, les parents peuvent utiliser le retrait de privilège, l'amende ou une autre forme de réparation.

Toutefois, lorsque l'agression de l'adolescent a été provoqué par un frère ou une soeur, les parents doivent aussi désapprouver et punir, avec autant de sévérité, ce frère ou cette soeur. Sinon, l'intervention des parents serait vécue comme une injustice et provoquerait une révolte plus grande encore.

> * Bien entendu, les parents doivent, si nécessaire, arrêter l'adolescent de frapper les autres ou de détruire des objets, en le contrôlant physiquement, c'est-à-dire en le tenant fermement pour empêcher ses agirs agressifs ou destructeurs. Exceptionnellement, *une* giffle ou *un* coup peut constituer un moyen légitime d'auto-défense.

ACCEPTER L'ADOLESCENT POUR CE QU'IL EST

L'adolescent veut être aimé pour lui-même, et non uniquement parce qu'il se conforme à tout ce que veulent ses parents.

Certains parents retirent leur affection à leur adolescent et le couvrent de blâme et de désapprobation dès qu'il pense autrement, exprime des goûts différents ou se comporte à l'encontre de leurs désirs.

Incapable de satisfaire ses parents, l'adolescent fuit la maison et cherche ailleurs l'affection, la reconnaissance, l'approbation et l'encouragement dont il a besoin.

LES REPROCHES, LES BLÂMES ET LES ACCUSATIONS VOILÉS OU INDIRECTS ONT DES EFFETS CONTRAIRES À CEUX DÉSIRÉS

Quand il y a un blâme sous-entendu dans votre message moral, l'adolescent ne retient que le blâme et réagit par de la culpabilité, de la colère et des comportements plus indésirables.

Exemples de phrases à éviter:

— *"J'ai prié pour que tu changes!"*

— *"J'ai été à la messe pour toi; j'espère que çà va te faire du bien!"*

— *"Les jeunes n'ont plus le sens des responsabilités!"*

— *"Les jeunes d'aujourd'hui ne pensent qu'à se droguer!"*

— *"Les adolescents sont égoïstes!"*

— *"Maintenant, les jeunes ne pensent plus qu'à la couchette! Dans notre temps..."*

FAIRE PARTICIPER L'ADOLESCENT AUX TÂCHES FAMILIALES EST UNE NÉCESSITÉ POUR LUI ET LES SIENS

Si vous ne voulez pas devenir de plus en plus hostile envers votre adolescent ou que vos relations se détériorent, prenez les dispositions nécessaires pour le faire participer aux tâches familiales.

Exemples de tâches familiales auxquelles l'adolescent peut participer:

— *L'entretien du logement ou de la propriété (à l'intérieur et à l'extérieur).*
— *L'entretien de l'auto et le rangement des outils.*
— *Les courses ou les commissions.*
— *Les tâches entourant le repas, y compris l'achat et la préparation des aliments.*
— *La garde et le soin des jeunes enfants.*
— *L'entretien de sa chambre, de ses vêtements et de ses effets personnels.*

L'adolescent doit assumer sa quote-part et non la totalité des tâches d'entretien de la maison ou du soin des jeunes enfants. S'il assume plus que sa part, il se révoltera intérieurement contre cette injustice. Les parents doivent aussi veiller à ne pas toujours lui confier que les tâches ennuyeuses. Par exemple, l'adolescent peut préférer la tâche de préparer le repas à celle de faire la vaisselle. Alors, pourquoi ne pas tenir compte de ses goûts de temps en temps?

Rappelez-vous aussi que dans la période d'âge s'échelonnant de onze à quinze ou seize ans, la plupart des adolescents sont désordonnés. Leur chambre devient rapidement un fouillis indescriptible. Leurs vêtements sont vite entassés, les commodes encombrées et les tiroirs pêle-mêle. Avant l'âge de quinze ou seize ans, ne vous attendez pas à ce qu'il remette nécessairement les choses en ordre au fur et à mesure. L'important, c'est qu'il fasse son ménage de temps en temps.

LES REMERCIEMENTS, LES APPRÉCIATIONS POSITIVES ET LA RECONNAISSANCE DE L'EFFORT FOURNI MOTIVENT L'ADOLESCENT

Lorsqu'un comportement est suivi d'une conséquence positive, ce comportement se produit plus souvent par la suite. C'est ainsi que se créent les bonnes habitudes de travail.

Exemples:

— *"Merci pour avoir lavé la vaisselle!"*
— *"C'est dur, laver le plancher, hein!"*
— *"Tu as fait du bon travail!"*
— *"Merci pour m'avoir aidé! Tu m'as donné un bon coup de main!"*
— *"C'était vraiment gentil de garder ta soeur. Nous l'apprécions beaucoup!"*

Une autre manière d'encourager l'adolescent, c'est de lui aider dans ses tâches. Tout comme nous, il apprécie énormément l'aide ou l'accompagnement d'une autre personne.

L'ADOLESCENT AIME QU'ON LUI CONFIE DES RESPONSABILITÉS « IMPORTANTES » TANT À L'INTÉRIEUR QU'À L'EXTÉRIEUR DE LA MAISON

Nous parlons ici de responsabilités qui sont importantes du point de vue de l'adolescent. Par exemple, surveiller le bébé est une responsabilité importante en soi et aux yeux des parents, mais il n'est pas sûr que l'adolescent voie la chose du même œil *.

Par responsabilités importantes, nous entendons des tâches, des activités ou des démarches qui sont bien vues de l'adolescent et qui le font se sentir une personne importante, utile et responsable.

L'adolescent qui ne se voit confier que les tâches "plates" ou ennuyeuses, finit par détester les tâches familiales. Nous ne disons pas que les parents doivent toujours garder les tâches ennuyeuses pour eux-mêmes et confier à l'adolescent que les tâches "intéressantes". Ce que nous conseillons, c'est un juste équilibre; c'est aussi, quand c'est possible, d'exécuter ces tâches avec lui, à ses côtés. Cela fournit l'occasion de parler et de rire avec lui, de rendre ainsi plus intéressantes les tâches qu'il trouve ennuyeuses, de partager et d'augmenter son plaisir à faire les tâches qu'il aime.

* La responsabilité du soin des enfants plus jeunes appartient aux parents, non à l'adolescent. C'est pourquoi, les parents ne peuvent toujours demander à leur adolescent de garder ses frères et sœurs ou d'en prendre soin. L'adolescent ne devrait pas, généralement, être obligé d'amener avec lui un frère ou une sœur plus jeune, lorsqu'il sort seul ou avec des amis.

LA PERSONNE DE L'ADOLESCENT ET SES PROPRES SENTIMENTS DEVRAIENT ÊTRE LE POINT DE DÉPART POUR LA FORMATION MORALE

L'enseignement des principes moraux et des conduites morales devrait se faire en rapport avec la personne de l'adolescent, à savoir, ses sentiments envers lui-même, ses parents, ses frères et soeurs, sa parenté, ses professeurs, ses amis et les personnes qu'il côtoie quotidiennement ou qui tiennent une place importante dans sa vie.

Est-il heureux? Se sent-il aimé, apprécié et utile? Se perçoit-il appuyé et encouragé? Peut-il exprimer ouvertement ses sentiments? Que pense-t-il de la façon dont ses parents et les personnes importantes de son entourage se comportent envers lui? Qu'est-ce qui le rend heureux ou content? Qu'est-ce qui le rend triste? Qu'est-ce qui le frustre ou le met en colère?

L'adolescent ne peut comprendre les sentiments qu'il suscite chez les autres s'il ne saisit d'abord les siens. C'est à travers ses propres réactions à l'affection, l'intégrité, la franchise, la justice, l'amitié, au respect, au partage et à la responsabilité qu'il apprend comment les autres peuvent réagir à ses paroles ou actions respectueuses, amicales, franches, justes et responsables. C'est aussi à travers ses réactions aux petites injustices, à la haine, aux tricheries, aux insultes et aux humiliations, qu'il découvre comment les autres réagissent à ses comportements injustes, hostiles, malhonnêtes ou irrespectueux. C'est ainsi qu'il devient capable de choisir ses valeurs et ses conduites morales.

L'ADOLESCENT PEUT DÉCOUVRIR LE POURQUOI DES RÈGLES MORALES

L'enseignement de la conduite morale ne peut se faire en un jour. C'est seulement à long terme que l'adolescent est amené à penser et à repenser le pourquoi des règles morales, avant de les faire siennes définitivement. Aussi, les parents doivent-ils saisir les occasions pour lui faire découvrir le pourquoi des règles de bonne conduite.

L'adolescent apprend ainsi à bien agir par lui-même, au lieu de bien agir seulement sous la commande des autres ou sous la surveillance de l'autorité:

Exemples:
- *"Crois-tu vraiment que c'est dans son intérêt de tricher?"*
- *"Tu as l'air heureux de t'être rendu utile..."*
- *"Pourquoi es-tu si content de toi?"*
- *"Accepterait-il, lui, que les autres lui enlèvent ses affaires?"*
- *"Tu dois être fier de toi, n'est-ce pas, d'avoir été si tenace?"*
- *"Quelle opinion as-tu de lui, maintenant?"*
- *"Pourquoi, penses-tu, ses parents n'ont plus confiance en lui?"*
- *"Tu vois les avantages de l'honnêteté..."*
- *"C'est dans **ton** intérêt de bien te conduire; tu as maintenant passé l'âge de bien agir seulement pour nous faire plaisir ou pour éviter d'être grondé."*

L'APPROBATION DES COMPORTEMENTS DÉSIRABLES AMÉLIORE L'ESTIME DE SOI ET MAINTIENT LE DÉSIR DE SE BIEN COMPORTER

Exprimez verbalement votre approbation. Joignez-y à l'occasion, si vous en avez envie, une parole ou un geste affectueux. L'adolescent appréciera vos encouragements et il se comportera encore mieux pour vous faire plaisir, et aussi pour se faire plaisir à lui-même. Approuvé de ses parents, l'adolescent apprend à s'apprécier et devient fier de lui-même.

Exemples:

— *"Je vois que tu tiens compte des autres; je te félicite!"*

— *"J'apprécie ton geste d'honnêteté!"*

— *"Merci pour m'avoir aidé! Tu es un amour!"*

— *"Je vois que tu es ponctuel; c'est une belle qualité!"*

— *"C'est du bon travail!"*

— *"J'admire ta franchise dans cette affaire!"*

— *"Je constate encore une fois que je peux te faire confiance!"*

— *"C'est bien généreux de ta part! Je te remercie!"*

RIEN NE SERT AUX PARENTS D'ENSEIGNER À L'ADOLESCENT À BIEN SE CONDUIRE S'ILS LAISSENT HABITUELLEMENT PASSER, SANS RIEN FAIRE, LES COMPORTEMENTS INDÉSIRABLES DE L'ADOLESCENT

Les comportements moralement indésirables doivent être habituellement suivis de conséquences appropriées: désapprobation, réparation, remboursement ou retrait de privilège.

De préférence, les parents choisissent ces conséquences en collaboration avec l'adolescent. Par exemple, lorsqu'un adolescent commet un vol à l'étalage, les parents non seulement désapprouvent ce vol, mais ils discutent avec lui du type de réparation qui s'impose, à savoir remettre lui-même l'objet volé ou payer avec son argent personnel le prix de cet objet (un parent l'accompagne au magasin pour s'assurer de la réparation). Si l'objet volé a été consommé, utilisé ou brisé, et que l'adolescent n'a pas d'argent, les parents peuvent prêter la somme requise pour payer le marchand, pourvu que l'adolescent s'engage à rembourser cette somme.

Les parents aident l'adolescent à reconnaître les désavantages de sa conduite indésirable tant pour les autres que pour lui.

Tout en exprimant leurs sentiments réels (en se montrant, par exemple, mécontents ou déçus), les parents restent logiques et respectueux. Ils évitent de blesser ou d'injurier l'adolescent.

LES PARENTS INFLUENCENT L'ADOLESCENT PAR LEUR PROPRE CONDUITE EN LUI SERVANT DE MODÈLES, MAIS PARFOIS CELA S'AVÈRE INSUFFISANT

La meilleure façon d'enseigner à l'adolescent les vertus morales, telles la franchise, l'honnêteté, la serviabilité, le travail, le sens des responsabilités, le respect d'autrui, la tolérance, la persévérance et la sobriété, c'est encore de lui donner le bon exemple.

Ce n'est pas tellement ce que **dit** le parent qui compte, c'est surtout ce qu'il **fait**. Ce sont les comportements des parents que l'adolescent imite *. Les comportements indésirables des parents sont plus facilement imités que les désirables, à cause des avantages immédiats qu'ils procurent à l'adolescent. Les comportements désirables des parents ont plus de chances d'être imités lorsque les parents sont aimants, encourageants et admirés par l'adolescent. À noter que ce dernier est moins porté à imiter un parent surprotecteur ou trop indulgent.

Même en étant « une bonne personne » et un « bon citoyen », un parent trop indulgent ou trop « mou » n'est pas un modèle imitable pour son enfant ou son adolescent. Ce dernier ne peut, en effet, le valoriser comme modèle, puisqu'il ne peut compter sur lui pour le protéger et le diriger dans la vie. Se sentant délaissé et sans valeur, le jeune s'adonne à l'oisiveté, à l'alcool, à la drogue ou à la délinquance.

---

* **L'adolescent imite aussi les comportements des autres adultes de l'entourage, de ses professeurs, de ses amis, des vedettes à la télé, etc. Ces modèles peuvent parfois avoir une influence importante sur l'adolescent. En outre, bien d'autres facteurs hors du contrôle des parents peuvent perturber le développement psychologique du jeune.**

L'ADOLESCENT A BESOIN D'ÊTRE GUIDÉ ET DIRIGÉ, PARFOIS AVEC AUTORITÉ

L'adolescent ne se développe que graduellement. En dépit de ses nouvelles capacités intellectuelles et émotives, il n'a pas l'expérience de ses parents. Malgré ses revendications d'indépendance, il a encore besoin de protection. À cause de son manque d'expérience et de son grand désir d'acceptation par les autres, il lui arrive de sous-évaluer à la fois les dangers qu'il court (dangers physiques et moraux) et sa capacité d'y faire face.

Les parents ne doivent pas craindre d'intervenir avec autorité pour protéger l'adolescent lorsqu'il existe un danger grave pour son développement, sa santé, sa sécurité ou celle des autres. Par exemple, un parent doit empêcher son adolescent de voler, de se droguer, de sécher ses cours, de fréquenter des personnes et des lieux qui l'encouragent à la délinquance. Lorsque nécessaire, il ne doit pas craindre de prendre les grands moyens (Cf. p. 46, 47, 48).

LE PARENT PEUT-IL OBLIGER SON ADOLESCENT(E) À ROMPRE AVEC UN(E) AMI(E)?

Qu'il s'agisse d'un ami de même sexe ou de sexe différent, d'un ami «tout court» ou d'un ami «de cœur», les mêmes règles s'appliquent.

L'adolescent réclame le droit de choisir lui-même ses amis, alors que le parent revendique le droit de protéger son adolescent des influences indésirables. Le parent doit se soucier de bien connaître les amis de son adolescent. Lorsqu'il a des doutes raisonnables qu'un ami de ce dernier s'adonne à la délinquance ou représente un danger pour autrui (consommation excessive d'alcool et conduite en état d'ébriété, consommation ou vente de drogues illégales, vol, possession d'armes, violence, extorsion, recel, revente d'objets volés), le parent mène son enquête. En premier lieu, il s'informe auprès de la police du quartier où réside le jeune, pour savoir si ce dernier ou son groupe d'amis est connu de la police. S'il découvre qu'effectivement ce jeune n'est pas recommandable, il ne doit pas hésiter à obliger son fils ou sa fille à rompre avec lui. Il explique alors à son adolescent qu'il prend cette décision dans le but de le protéger, à cause de l'affection qu'il lui porte.

Par contre, si vous n'aimez pas un ami de votre adolescent, parce qu'il vous est antipathique à cause de son origine ethnique ou raciale, de ses manières, de son accoutrement, ou tout simplement parce qu'il a été impoli avec vous, gardez-vous de forcer votre adolescent à rompre avec lui. Votre geste serait perçu comme injuste et abusif, et vous risqueriez de faire face au désespoir de votre adolescent. Bien sûr, vous n'êtes pas obligé d'aimer les amis de votre adolescent; vous avez même le privilège de le lui faire savoir, pourvu que vous ajoutiez qu'il s'agit là d'un sentiment personnel et que vous vous devez de respecter ses choix.

LES PARENTS PEUVENT-ILS OBLIGER LEUR ADOLESCENT À POURSUIVRE SES ÉTUDES ?

La loi de l'instruction publique impose aux parents l'obligation de maintenir leur adolescent à l'école jusqu'à la fin de l'année scolaire durant laquelle il a atteint l'âge de quinze ans. À partir de ce moment, les parents peuvent laisser à l'adolescent qui le désire la liberté de quitter ses études pour le marché du travail.

Les parents doivent chercher à connaître les raisons pour lesquelles leur adolescent désire quitter l'école. Ils peuvent aussi l'inciter à demander conseil ailleurs et à prendre un moment de réflexion avant d'arrêter son choix définitif.

Lorsqu'il s'agit d'un coup de tête (l'adolescent est sous le choc de la colère ou du découragement), les parents s'emploient à aider leur adolescent à verbaliser ses sentiments.

S'il s'agit d'une décision mûrement réfléchie (ce qui suppose que les parents et l'adolescent ont consulté les autorités scolaires), les parents conviennent avec l'adolescent que son choix n'est pas irrévocable et qu'il pourra toujours poursuivre ses études plus tard s'il le désire. Toutefois, les parents disent clairement à l'adolescent qu'ils s'attendent à ce que celui-ci se trouve un emploi au plus tôt. Ils peuvent exiger qu'il se lève tôt chaque matin pour aller à la recherche d'un emploi.

Cependant, lorsqu'il est clair, au départ, que l'adolescent veut, en abandonnant ses études, fuir toute responsabilité, les parents peuvent maintenir ce dernier à l'école régulière, ou encore l'obliger à suivre un programme d'apprentissage au travail. Les parents optent pour la solution la plus susceptible d'aider leur jeune à progresser, compte tenu de ses capacités, de ses goûts et aptitudes *.

* À cette fin, les parents peuvent pousser leur adolescent à consulter un orienteur professionnel à l'école qu'il fréquente. L'adolescent accepte généralement de collaborer à son orientation lorsqu'il constate la détermination de ses parents à lui faire assumer ses responsabilités.

LES RENDEZ-VOUS ENTRE ADOLESCENTS DE SEXE OPPOSÉ : LE PARENT PEUT-IL S'Y OPPOSER ?

L'intérêt des adolescents pour d'autres adolescents de sexe opposé commence vraiment vers 10-11 ans. À 12 ans, environ la moitié des adolescents ont eu au moins un rendez-vous. À 13 ans, cette proportion atteint 75 %. À 14-15 ans, un adolescent sur quatre a un rendez-vous par semaine.

Avant 17-18 ans, « sortir steady », c'est-à-dire fréquenter le même partenaire régulièrement, une fois par semaine ou plus, est une coutume que l'on retrouve surtout dans les milieux sociaux où la plupart des jeunes ne désirent pas poursuivre des études avancées.

Considérant que les rendez-vous satisfont des besoins affectifs importants chez l'adolescent, le parent serait malvenu de les interdire tous. En effet, c'est grâce aux rendez-vous que l'adolescent apprend comment agir avec les personnes de l'autre sexe, qu'il expérimente l'amitié et qu'il satisfait son besoin d'intimité en partageant, avec une personne de l'autre sexe, ses idées, ses sentiments et ses émotions.

Cependant, au début de son adolescence, le jeune a grand besoin d'être protégé. Laissé à lui-même, le jeune de 11–15 ans risque d'être confronté à des dangers qui peuvent menacer sa sécurité physique (ex : danger d'être malmené, blessé, empoisonné, drogué) aussi bien que son intégrité morale (ex : risque d'être entraîné dans des agirs délinquants). C'est pourquoi, à notre avis, les rencontres de ces adolescents dans des « parties » ou dans d'autres activités de loisirs, devraient être supervisées par des adultes responsables.

Les 16-17 ans sont généralement plus conscients des dangers qu'ils courent et plus en mesure de les prévenir et de les affronter. C'est pourquoi, la protection offerte par les parents devrait être adaptée aux capacités de chaque adolescent ou adolescente.

TABLE DES MATIÈRES

RÉFÉRENCES

ANDERSON, E. et alii : **Self Esteem for Tots to Teens**, Meadowbrook, 1984.

BECKER, W.C. : **Parents are Teachers : A Child Management Program**, Research Press, 1971.

BÉLANGER, R. : **Vinaigre ou miel : Comment éduquer son enfant**, Les Éd. R. Bélanger, 1986.

BÉLANGER, R. : **Parents d'adolescents**, Les Éd. R. Bélanger, 1981.

BÉLANGER, R. : **La jalousie entre frères et sœurs**, Les Éd. R. Bélanger, 1984.

BODENHAMER, G. : **Back in Control : How to get your Children to Behave**, Prentice Hall, 1983.

DODSON, F. : **How to Parent**, Hash Publications, 1970.

GINOTT, H.G. : **Between Parent and Child : New Solutions to Old Problems**, MacMillan, 1965.

GINOTT, H.G. : **Between Parent and Teenager**, MacMillan, 1969.

RINI, G. : **Comment négocier avec ses enfants**, Éd. Libre Expression, 1985.

VINAIGRE OU MIEL : COMMENT ÉDUQUER SON ENFANT

Ce livre s'adresse aux parents des 0-11 ans. Il traite des activités exploratrices, de l'expression des sentiments et de l'enseignement des comportements désirables. À partir d'exemples, il explicite ce que sont la compréhension, le dialogue et l'encouragement. Il plaide en faveur de méthodes actives et positives qui favorisent chez l'enfant l'estime de soi et le sentiment de compétence. Il propose une méthode susceptible d'aider les parents à résoudre les problèmes que peuvent présenter les enfants.

PARENTS D'ADOLESCENTS

Ce livre concerne les parents des 11-17 ans. Le lecteur y trouvera des idées et des suggestions susceptibles de l'aider à mieux comprendre l'adolescent, à dialoguer et à interagir avec lui. Entre autres sujets, ce livre traite de la sexualité des adolescents, de l'usage des drogues et de la façon dont les adolescents veulent être traités par leurs parents.

LA JALOUSIE ENTRE FRÈRES ET SŒURS

La jalousie excessive est l'une des causes les plus importantes d'inadaptation de l'enfant. D'où l'importance pour les parents d'être mieux renseignés afin d'être en mesure de tempérer ces perturbations affectives et favoriser l'apprentissage de l'amitié et de la collaboration fraternelle. De façon détaillée, ce livre parle de la préparation des aînés à la naissance d'un petit frère ou d'une petite sœur, de leurs réactions à cette naissance, de même que des moyens de leur venir en aide tout au long de l'évolution de leur relation fraternelle.